Quino

lo mejor de mafalda

Lumen

¡VAMOS HOMBRE NO SEA TÍMIDO! SOLO QUIERO QUE MIS PAPÁS Y LOS LECTORES CONOZCAN A QUIÉN RECIBE EL DEPÓSITO. ESTE LIBRO TIENE EL DEPÓSITO LEGAL B-21325-2024 Y EL COPYRIGHT ES © 2025, SUCESORES DE JOAQUÍN S. LAVADO (QUINO) © 2025, PENGUIN RANDOM HOUSE GRUPO EDITORIAL, SAU. TRAVESSERA DE GRÀCIA, 47-49. 08021 BARCELONA
LEX
DEPÓSITOS AQUÍ

Maneras de leer *Mafalda*

1. SIN INSTRUCCIONES

Mafalda, la historieta creada por Quino hace más de sesenta años, cobró una dimensión única en el humor gráfico argentino: sus personajes salieron de las páginas impresas para volverse pósteres, película, cortos de animación, estampillas, remeras, imanes, llaveros, invitaciones de boda, nombres de instituciones o negocios y tatuajes... entre una innumerable cantidad de producciones, tanto legales como no autorizadas, realizadas por admiradores, por buscavidas a pequeña escala o por inescrupulosos.

Protagonista que cobró vida propia, Mafalda fue entrevistada en 1966 por la revista *Confirmado* y elegida en 2014 por la Embajada de Francia como una de las tres «mujeres ilustres argentinas» (junto a la abuela de Plaza de Mayo Estela de Carlotto y a la cantante de tangos Susana Rinaldi). Existen, además, una quincena de esculturas oficiales de esta niña-adulta dispersas por el globo terráqueo, sin contar la que estuvo de visita en la sede de la Organización de las Naciones Unidas (en 2024) en Nueva York para cumplir el sueño de ser intérprete en pro de la paz mundial (p. 99).

Enmarcada en este fenómeno, lo que la presente antología propone es volver al origen que posibilitó todo: la lectura de la historieta. La propuesta conlleva el desafío adicional de alcanzar a la diversidad de un público que abarca tres generaciones en distintos puntos del mapamundi.

Primera generación

Las dos primeras tiras con las que se inicia esta antología (p. 15) corresponden a la precuela de esta producción nacida como un fallido intento de publicidad encubierta, por encargo.

Las dos siguientes son aquellas con las que *Mafalda* se presentó oficialmente al público, el 29 de septiembre de 1964, en la revista *Primera Plana*. Aparecieron allí la *enfant terrible*, sus sufridos padres y un amigo del barrio, Felipe. Tierno, despistado, tímido y bonachón, es un soñador que se refugia de los padecimientos del entorno en su imaginación: odia la escuela y adora a El Llanero Solitario, las historietas, los crucigramas, el ajedrez y a Muriel, la vecina de la que está silenciosamente enamorado. Está inspirado —solo físicamente— en Jorge Timossi, amigo de Quino, reconocido periodista, corresponsal de guerra, poeta, militante de la Revolución cubana y funcionario del Gobierno de Fidel Castro.

El 9 marzo de 1965, en el n.º 122, fue la última vez que se publicó *Mafalda* en *Primera Plana*. El humorista retiró su obra en un gesto precursor de defensa práctica de los derechos de los dibujantes, luego de una discusión en torno a la propiedad de los originales que Quino se llevó de prepo, con la complicidad de un cadete de la editorial.

Ese mismo mes, la historieta reapareció en el diario *El Mundo*. En esas entregas comenzó a delinearse el grupo de arquetipos que componen los personajes: la aspiración de Susanita limitada a tener marido e hijos, así como su envidia, su conservadurismo y su discriminación; la filosofía existencialista, ocurrente y ególatra de Miguelito; el materialismo y el capitalismo a escala barrial, la brutalidad y la ignorancia de Manolito —hijo de inmigrantes gallegos, el personaje que más críticas y rechazo generó, pese a que Quino mismo era descendiente de españoles.

En el diario, la historieta compartió páginas con Periquita, de Ernie Bushmiller, cuyo parecido con Mafalda es evidente. Entre noticias sobre el espectáculo, horóscopos, crucigramas y otras misceláneas, salió publicada la tira que se volvió emblemática en la Argentina en referencia —tácita pero evidente para el público— al rechazo al golpe de Estado encabezado por el general Juan Carlos Onganía, en 1966 (p. 154).

El Mundo cerró, abruptamente, el 22 de diciembre de 1967 con Raquel embarazada de Guille. Cuando la tira reapareció el 2 de julio de 1968 en la revista *Siete Días Ilustrados,* el hermanito de la protagonista ya había nacido. El personaje, inspirado en uno de los sobrinos de Quino, nació de la aguda observación que siempre tuvo el dibujante y algunas de las situaciones descritas en los cuadritos fueron anécdotas reales (p. 201). Tiempo después se sumó Libertad, la última integrante del elenco, en unas viñetas que dan cuenta de la creciente radicalización política de la juventud argentina, en consonancia con las rebeliones y los movimientos de liberación nacional en algunas zonas del globo.

En ese relanzamiento, Mafalda apareció en tapa y, en su interior, saludó a los lectores con la carta que se reproduce al inicio de este libro (pp. 12-14). La protagonista también fue incluida en uno de los almanaques de la revista, en un póster y hasta conversando con Miss Siete Días.

La historieta se publicaba a página entera, cuatro tiras por entrega, con un comentario anexo de los personajes —graciosos y efectivos, tal como verán en algunas de estas páginas— puesto como cabezal. Tan logrado fue ese recurso que, desde allí, Quino anunció el fin de *Mafalda*, que cayó como un balde de agua fría. Se concretó el 25 de junio de 1973 (p. 251) para desesperación de editores y lectores, uno de los cuales acusó al autor de «humoricideo» (sic), en una nota enviada a la propia revista.

Viven, todavía, muchos de esos entonces veinte o treintañeros que conformaron la primera generación de lectores de la historieta, la que acompañó el paso a paso de la génesis y desarrollo de esta producción, cuando todavía no era icónica ni había tomado las dimensiones que alcanzó después fuera del papel.

Por décadas, ese resultó el modelo de los seguidores de las viñetas: niños, jóvenes y adultos que esperaban que la publicación apareciera en el kiosco, la buscaban, la llevaban y la incorporaban a la cotidianidad familiar.

Segunda generación

Luego de 1973, Quino no retomó *Mafalda*. Solo ocasionalmente se valió de los personajes para alguna campaña de bien público. Desde los Derechos del Niño encargados por UNICEF en 1977 o la inclusión de un dibujo suyo en las remeras que impulsó Comercio Justo en 2009, hasta su participación en el mensaje gubernamental de cuidados frente a la expansión de la covid-19, entre muchas otras.

La primera compilación de la tira la hizo el editor Jorge Álvarez, en la Argentina, cuando descubrió que, cada vez que iba al banco, el cajero pegaba una nueva tira de la historieta en la ventanilla. Luego de convencer al humorista, la publicó para la Navidad de 1966 y agotó la tirada de cinco mil ejemplares en dos días. A partir del sexto tomo, las recopilaciones quedaron a cargo de Ediciones de la Flor.

Desde entonces, el acercamiento de todos los lectores de esa segunda generación —que compramos, recibimos en herencia familiar o leímos de prestado a *Mafalda*— fue a través de esas compilaciones de formato apaisado rectangular (los «libritos» como les decimos cariñosamente), que fueron innovadores, porque circulaban en kioscos y librerías, tenían continuidad, regularidad en su aparición y sostenidas reediciones.

No eran recopilaciones sin más. Quino se tomaba el trabajo de elegir las tiras que se incluirían (descartó algunas por coyunturales, porque no le gustaba cómo resultaron o porque se arrepentía de su contenido...), y también de llevar el humor incluso hasta el *copyright*, los pies de imprenta y las dedicatorias, espacios en los que participaban los propios personajes, que a veces hasta se atrevían a discutirle al autor (como algunas de las incluidas como ejemplo en este libro).

A lo largo de las reediciones, Quino modificó algunas de las dedicatorias o las hizo intencionalmente enigmáticas, pero la que siempre nos dejó a salvo es la dirigida a nosotros mismos: «A los lectores caídos en cumplimiento del deber». Una prueba más del respeto que el humorista siempre tuvo a su público, aun cuando fuera inevitable la pregunta que odiaba acerca de por qué dejó de dibujar *Mafalda*.

Desde que empezó a publicar, recibió cartas de los lectores: mensajes mayoritariamente elogiosos, pero también con señalamientos, errores, opiniones, vivencias personales, pedidos, que aparecían publicados; cartas manuscritas o escritas a máquina, dirigidas a las redacciones o las editoriales, que se enviaban por correo, como telegramas, por fax y, últimamente, por *mail* o a través las redes sociales.

Durante años las respondió él mismo, con la ayuda de su esposa Alicia, que las recibía y las clasificaba, y luego por Julieta Colombo, su representante. Buena parte de ese material fue donado y está conservado en el Centro de Historieta y Humor Gráfico Argentinos de la Biblioteca Nacional Mariano Moreno, con sede en Buenos Aires.

En general, Quino contestaba por escrito, pero —sobre todo al inicio— llegó incluso a llamar a sus admiradores por teléfono. Era amable, pero no condescendiente con sus seguidores.

Uno de los momentos más intensos en el vínculo entre el autor y sus lectores eran las ferias del libro, a las que el dibujante asistía y de las que aceptaba sus rituales: las presentaciones, las mesas de humoristas y las firmas de ejemplares, para las que se formaban largas filas de chicos y chicas y adultos a la espera de un autógrafo. Una especie de peregrinación y ceremonia pagana que Quino nunca terminó de comprender, pero de la que participaba por respeto, cariño y agradecimiento hacia ese público que lo endiosaba.

Generación extranjera

La primera traducción se concretó gracias a que Alicia Colombo, la esposa de Quino, le contestó al editor italiano que consultaba reiteradamente por los derechos de publicación de la obra.

En 1968, treinta tiras fueron incluidas en la antología de humor *Libro dei Bambini Terribili per adulti masochisti* y al año siguiente la editorial Bompiani publicó *Mafalda, la contestataria* con prólogo Umberto Eco. En 1970, Lumen publicó la historieta en España, donde la censura franquista obligó a especificar que se trataba de una edición «para adultos». Con puntos de publicación fuertes en Italia, Francia, España, México, Brasil y en crecimiento exponencial, llegó a ser traducida al griego, al finés, al indonesio, al chino, al hebreo, al gallego, al catalán, al polaco, al búlgaro y en sistema braille.

Mafalda se difundió en por lo menos una veintena de lenguas y dialectos y llegó a no menos de veinte regiones del mapamundi. El único continente al que nunca ingresó es África.

¿Qué interpretaciones hicieron y hacen los lectores de cada uno de esos lugares sobre una producción realizada desde un país que roza el Polo Sur?

La versión aparecida en Taiwán, a cargo de la escritora Sanmao —por ejemplo—, reemplazó la mayonesa por la salsa de soja, el almacén de Manolito por la tienda del señor Ma, y morigeró o evitó las referencias al «peligro amarillo». A ojos occidentales, resultó una versión menos crítica, menos política y menos enfática... menos Mafalda.

La paraguaya María Gloria Pereira se encontró con que los textos en guaraní resultaban más largos que los españoles y no cabían en los globitos; que en su país la sopa no es líquida, sino sólida; que el doble sentido humorístico de las palabras que Quino utiliza no existe en la lengua originaria y que en Paraguay los niños y niñas casi no tienen voz, de modo que no podrían enfrentar a los adultos de la manera en que lo hace la *enfant terrible*.

Mafalda recorrió primero la Argentina y luego el mundo de todas las formas y en todos los formatos: los libritos del 1 al 10 (o en algún caso al 11); el tomo *Toda Mafalda* (o *Todo Mafalda);* las tiras inéditas; los ejemplares por eje temático; las ediciones aniversario; con o sin reportajes, con y sin el aporte de otros dibujantes; las tesis universitarias; los artículos periodísticos; los catálogos de exposiciones... Los integrantes de esta segunda generación no la leímos en su formato original, pero la vivimos como si lo fuera, porque todos tenemos nuestra primera *Mafalda*, la que está unida a nuestra subjetividad.

Tercera generación

En general, la aproximación a la historieta va profundizándose en la medida en que empezamos a comprender lo que de más chicos no entendíamos, cada vez un poquito más... Hasta que lo digital revolucionó el planeta compartíamos con Mafalda un universo de experiencias en común. Pero ¿qué sucede en la actualidad?

Cómo recuperan los nuevos lectores qué es un rulero —un rulo como le dicen en algunos lados— o un sifón de soda; o qué representó en los sueños masculinos Brigitte Bardot, o en la geopolítica, U Thant, ex secretario general de la ONU. En la mayor parte de las ciudades, la infancia no anda sola por la calle ni se maneja sin adultos en las plazas ni juega a los *cowboys*... El uso del espacio público y del tiempo se ha modificado de manera radical.

Incluso los personajes circulan ahora por las redes, en los memes y en los *avatares* y los *emojis* de los celulares.

El desafío es saber leer los logros de la tira más allá de estas posibles barreras generacionales, sin que opaquen la profundidad y la vigencia de una obra que tiende a instalarse como un clásico.

2. TABLERO DE DIRECCIÓN

En una oportunidad, Julio Cortázar estaba de viaje por América Latina y un periodista le preguntó: «¿Qué piensa usted de Mafalda?». Le respondió: «Eso no tiene la menor importancia. Lo importante es lo que Mafalda piensa de mí».

Así se lo contó el escritor a la editora de Lumen, Esther Tusquets, en un fax del 20 de septiembre de 1973. Nueve meses antes, Cortázar le había reclamado a la editora un volumen de Mafalda con este dibujo:

Podríamos imaginar, entonces, que este libro es SU Mafalda, la que se demoró en llegar, y abrir esta antología y leerla en modo cortazariano: dándole a cada uno de los admiradores de Quino la libertad que el autor de *Rayuela* le dio al público, empoderándolo para seguir las páginas de corrido, saltando partes, reordenándolo, siguiendo o no instrucciones.

Parafraseando al Tablero de Dirección de *Rayuela,* también podríamos decir que «este libro es muchos libros» y proponer por lo menos dos posibles circuitos para seguirlo con sus ramificaciones:

1. Leerse del modo convencional, del principio al fin con las tiras acomodadas cronológicamente, por orden de aparición, pasando de una cuestión a la otra, sin ningún agrupamiento temático en particular, tal como ocurre en los libritos y en las fuentes originales.
2. Un recorrido más aleatorio y arbitrario, o a partir de ciertas inquietudes particulares:
   - Las diez tiras que Quino consideraba sus predilectas (y que están señaladas con un asterisco en estas páginas).
   - Las del personaje preferido de cada uno.
   - Las que delinean el contexto social de la clase media que se afianzaba junto a la sociedad de consumo, el psicoanálisis, los intereses culturales y la comunicación de masas. Escenas representativas de ese sector que, por un lado, se mantenía conservador y, por el otro, empezaba a ver a sus hijos politizarse.
   - Las que anticipan temáticas que están hoy en agenda, como el cuidado del medioambiente o el feminismo.
   - Las páginas que siguen los avatares del mundo: desde las escenas del globo terráqueo hasta cuestiones geopolíticas, como la relevancia de Japón; el «peligro amarillo» (en referencia a China, que aún hoy pugna entre las potencias); la superpoblación mundial; la guerra nuclear; la invasión estadounidense a Vietnam o el dolorosamente vigente conflicto árabe-israelí.
   - Las que resultaron emblemáticas como posicionamientos contra las dictaduras como «este es el palito de abollar ideologías» y «eso que me enseñaron en la escuela» (pp. 171 y 154) y todas las de la sopa, símbolo de la rebelión a la autoridad (familiar, escolar, gubernamental) y a toda imposición arbitraria.
   - Las que denuncian tanto a los macro como a los micro poderes.
   - Las que remiten a los sueños (desde contar las ovejitas hasta los sueños de extraterrestres de Mafalda o las fantasías de Felipe).
   - Las tiras dedicadas a Los Beatles.
   - Las que dan cuenta de una mirada crítica en relación con la publicidad, con la televisión y con la radio (aunque mucho más fiable) y con su influencia tanto política y social como doméstica.
   - Las que husmean, con mirada arqueológica, la presencia del auto Citroen 2CV; los dibujitos animados de *El Pájaro Loco*; figuras como el farmacéutico de barrio, el vendedor a domicilio o incluso algunas actitudes hoy políticamente incorrectas.

Este modo lúdico y cortazariano de abordar *Lo mejor de Mafalda* permite que cada lector reconozca lo que considera mejor... Para que, quizás, entre las tres generaciones, coincidamos en poder revertir la paradoja de que la vigencia de Mafalda es también el fracaso de lo que no supimos hacer como seres humanos. Que busquemos como Quino, como Cortázar, que lo mejor sea finalmente el mundo. Lo mejor del mundo.

JUDITH GOCIOL,
Buenos Aires, diciembre de 2024

a los lectores caídos
en cumplimiento del deber.

QUINO

Señor Director de Siete Días:

Un amigo mío, el dibujante Quino (se llama así pero cuando firma los cheques pone Joaquín Lavado), me dijo que tenías mucho interés en contratarnos a mí y a mis amiguitos Susanita, Felipito, Manolito y Miguelito, para que juntos trabajemos todas las semanas en tu revista. Aceptamos con mucho gusto, pero antes debo decirte que en casa aumentó la familia, porque el 21 de marzo nació mi hermanito, lo que alegró bastante a mi papá y mi mamá; y a mí me produjo curiosidad. Ahora estamos todos muy preocupados por atenderlo y pensar en un nombre que a él le guste cuando sea grande. Como me parece que vos y los lectores de la revista querrán conocerme un poco mejor antes de firmar el contrato, te envío mi currículum (¿así se escribe?) más o menos completo, porque de algunas cosas ya no me acuerdo. ¡Ah!, también te mando algunas fotos de mi álbum familiar que me sacó mi papá, ¡pero dévolvémelas!

En la vida real yo nací el 15 de marzo de 1962. Mi papá es corredor de seguros, y en casa se entretiene cuidando plantas. Mi mamá es ama de casa. Se conocieron cuando estudiaban juntos en la facultad, pero después ella abandonó para cuidarme mejor, dice. El nombre que me pusieron fue en homenaje a una pibita que trabajaba en la película Dar la cara, *que se hizo leyendo el libro del escritor David Viñas. El 22 de septiembre de 1964, Quino me consiguió una recomendación para trabajar en la revista* Primera Plana, *y en marzo del 65 me llevaron al diario* El Mundo.

Vas a ver que mis amiguitos te van a gustar tanto como a mí. Felipito tiene un papá que es todo un ingeniero; él es bueno, un poco simple, tierno y, a pesar de que en la escuela está en un grado más que yo, a veces lo cuido como si fuera hijo mío. A Manolito lo conocí en el almacén de su papá, porque nosotros somos clientes de él. Ahora vamos al colegio juntos. A veces me hace enojar porque es muy cabeza dura. Siempre

quiere tener razón... y lo que más bronca me da es que casi siempre la tiene. Con Susanita no me llevo muy bien. Reconozco que a veces yo parezco muy antipática con ella, pero cada vez que habla parece el premio Nobel de la Clase Media. Seguro que cuando sea grande tocará el piano, se casará y tendrá muchos hijos y jugará a la canasta. Te voy a contar un secreto, pero no se lo digas a nadie, porque a Susanita no le gusta que se sepa: el papá de ella es vendedor de una fábrica de embutidos.

Miguelito es el último que ingresó a la barra. Todos lo queremos mucho y nos hace reír porque piensa siempre las cosas más fantásticas. Claro que es muy chico todavía. Va a un grado menos que nosotros.

En estos días recibí muchas cartas y llamadas telefónicas preguntándome por mi hermanito. A casi todos les preocupa saber cómo mis papás me explicaron el asunto. Fue así: me llamaron un día, se pusieron muy colorados, dijeron que tenían que decirme algo muy importante. Mi papá me contó que habían encargado un hermanito para mí, que antes de nacer lo cuidaría mamá porque crece como una semillita, y que la había plantado él porque sabe mucho de plantas. Yo no entendí muy bien, pero me puse muy contenta al saber la verdad, porque la mayoría de los chicos en la escuela hablan de los nenes que nacen en repollos o los trae la cigüeña desde París... ¡Con los líos que hay ahora en París están como para pensar en cigüeñas!

Otros me preguntan cómo, siendo yo tan pesimista en un problema tan grave como el de la paz, creo todavía en los Reyes Magos. Melchor, Gaspar y Baltasar existen porque me lo dijo mi papá, y yo le creo; en cambio, sobre la paz tengo todos los días pruebas de que, por ahora, es un cuento.

Aprovecho la publicación de esta cartita para enviar un saludo a U Thant y a los Beatles, a quienes admiro mucho. El pobre secretario de la ONU tiene muy buenas intenciones,

y sería macanudo que le hicieran caso, pero... Pensando en él, comprendo mejor a mi papá y a mi mamá. Después de todo, ellos no tienen la culpa de cómo son y de cómo viven. Los Beatles me gustan porque son muy alegres, están de acuerdo conmigo en muchas cosas, y tocan la música que nos gusta a los jóvenes. Ellos deberían ser presidentes del mundo, porque tienen influencia sobre mucha gente de todos los países.

También me gusta leer, escuchar los noticiosos, mirar la TV (menos las series), jugar al ajedrez, al bowling *y a las hamacas. Me gusta mucho jugar y correr al aire libre, donde haya árboles y pajaritos, como en Bariloche. Cuando fuimos de vacaciones para allá, pasamos días muy lindos. Este año no fuimos de vacaciones porque esperábamos la llegada de mi hermanito. Espero que en el verano crezca pronto, así lo podremos llevar con nosotros a Córdoba. Cuando se preocupe menos por el chupete, le voy a presentar al Pájaro Loco, que trabaja en la TV. Seguro que le va a gustar tanto como a mí.*

Entre las cosas que no me gustan están: primero, la sopa, después, que me pregunten si quiero más a mi papá o a mi mamá, el calor y la violencia. Por eso, cuando sea grande, voy a ser traductora en la ONU. Pero cuando los embajadores se peleen voy a traducir todo lo contrario, para que se entiendan mejor y haya paz de una buena vez.

Hasta la semana que viene,

Mafalda

YO SOY UN EMINENTE CIRUJANO ¿QUERÉS? ABRIMOS A LA MUÑECA Y VEMOS DE QUÉ ESTÁ LLENA. ¿MMMMHH?

¡NO!... ¡YO SÉ DE QUÉ ESTÁ LLENA!

¿DE ESTOPA?
¡NO!
¿ASERRÍN?
¡NO, NO!
¿ESPUMA DE GOMA?
¡NO!
¿ALGODÓN?
¡NOOOO!
¿DE QUÉ?

¡DE INHIBICIONES!
QUINO

PAF
PAF
PAF

¡OH, MAFALDA! ¡QUÉ HERMOSA CAMITA LE HAS HECHO A TU MUÑECA!
¡"CAMITA"!

¡NO SEAS CURSI, MAMÁ! ¡ES UN DIVÁN DE PSICOANALISTA!
QUINO

¿VOS SOS UN BUEN PAPÁ?
Y... CREO QUE SÍ.

PERO ¿SOS EL MÁS, MÁS, MÁS MÁS BUENO DE TODOS, TODOS, TODOS LOS PAPÁS DEL MUNDO?

BUENO..., NO SÉ. A LO MEJOR HAY ALGÚN OTRO PAPÁ MÁS BUENO QUE YO

¡LO SUPONÍA!

¡TRIC!

¡¡ESTAS COSAS OCURREN SOLAMENTE EN ESTE PAÍS!!

¿Y TODOS ESTOS LIBRACOS?
MÍOS, DE CUANDO ESTUDIABA

¿ESTUDIABAS? PERO ERA UN ESTUDIO EN BROMA, POR SUPUESTO
¡CÓMO "EN BROMA"? ¡EN SERIO!

¿Y ENTONCES POR QUÉ NO SEGUISTE?
Y... LUEGO UNA SE CASA...

¡ERA UN ESTUDIO EN BROMA, POR SUPUESTO!

¿NO SERÍA MARAVILLOSO? SI EN VEZ DE CASARTE HUBIERAS TERMINADO TUS ESTUDIOS TENDRÍAS AHORA EN TUS MANOS UN TÍTULO Y NO UNA PILA DE CAMISAS
¡DIOS MÍO!

TENÉS RAZÓN, MAFALDA. SI NO ME HUBIESE CASADO TENDRÍA UN TÍTULO; PERO VOS NO ESTARÍAS EN ESTE MUNDO!

MÁS ADELANTE COMPRENDERÁS.

NO, SI YA COMPRENDO: YO VENGO A SER UNA ESPECIE DE TESTAFERRO DE LA INCULTURA

¡PENSAR QUE MAMÁ PODRÍA TENER UN TÍTULO!... PERO NO: ¡SE CASÓ!...¡ABANDONÓ LOS ESTUDIOS Y SE CASÓ!!

¡SEGURAMENTE ALGUIEN LA CONVENCIÓ PARA QUE DEJARA DE ESTUDIAR!¡SEGURO QUE ALGUIEN LA PERSUADIÓ, PARA QUE NO SE INSTRUYERA!

TELÉFONO, CHÉ

¡OSCURANTISTA!
QUINO

¿NOSOTROS SOMOS RICOS, O POBRES?
NI RICOS, NI POBRES...

...NOSOTROS VENIMOS A SER CLASE MEDIA

¿VENIMOS? ¡VENIMOS A SER CLASE MEDIA?
UJHÚ

Y DECIME....PARA SER CLASE MEDIA ¿VALÍA LA PENA VENIR?
QUINO

¡REALMENTE LOS REYES SE PORTARON!....
¡QUÉ DE COSAS LINDAS!..

¡VOY A SER COMO MAMÁ! TENGO PARA LIMPIAR, LAVAR, PLANCHAR, COSER,...

...PREPARAR COMIDAS RICAS...¡EN FIN: TODO LO NECESARIO...

...COMO PARA JUGAR A QUE SOY UNA MEDIOCRE!
QUINO

¿CÓMO TE LLAMÁS?
FELIPE ¿Y VOS?

MAFALDA
¿EN QUÉ PISO VIVÍS?

EN EL SEGUNDO ¿Y VOS?
EN EL QUINTO

SOMOS UNA GENERACIÓN HORIZONTAL Y CRISTIANA

PERO, VOS ME DIJISTE QUE IBAS AL JARDÍN DE INFANTES.... ¿POR QUÉ NO ESTÁS AHORA ALLÍ?
PORQUE SE ACABARON LAS CLASES!

¿SOCIALES?
¡ESCOLARES!..

¡CREÍ QUE HABÍA LLEGADO EL COMUNISMO!
QUINO

¿CÓMO ES QUE NO VAS AL JARDÍN DE INFANTES, MANOLITO?
PORQUE SOY MÁS ÚTIL EN EL ALMACÉN DE MI PAPÁ

¿Y A LA ESCUELA **TAMPOCO** PENSÁS IR?
AHÍ SÍ, PORQUE APRENDERÉ ARITMÉTICA. SERÁ UN PROGRESO PARA EL ALMACÉN DE MI PAPÁ

"**¡PROGRESO!**".. ¡PROGRESO SON LOS VIAJES ESPACIALES Y **NO** EL ALMACÉN DE TU PAPÁ!
¡PERO SI EL COSMOS TAMBIÉN ME INTERESA!
©QUINO

TENGO EN VISTA SUCURSALES

DICCIONARIO

DICCIONA-
RIO
©QUINO

¡ASÍ NUNCA VAS A TERMINAR DE LEER UN LIBRO TAN GORDO!

HACER PINTAR LIBREMENTE A LOS CHICOS AYUDA A CONOCER A CADA UNO

PORQUE LA PINTURA DESCUBRE LA PERSONALIDAD...

¡YO DIRÍA QUE LA CUBRE!
©QUINO

¿ESTÁ TU MAMÁ?
©QUINO

¿DÓNDE LO PONE, SEÑORA?
EN EL LIVING, POR FAVOR

¿Y A LA NENA?

¿DÓNDE ESTAMOS NOSOTROS?
15

AQUÍ, ¿VES?

PERO ENTONCES... ¡VIVIMOS CABEZA ABAJO!
Y...SÍ.
©QUINO

¡DIOS MÍO! ¡CREO QUE A PARTIR DE HOY SENTIRÉ MÁS **APEGO** POR ESTE SUELO!

16
¿QUE VIVIMOS CABEZA ABAJO? ¿DE DÓNDE SACASTE ESA ESTUPIDEZ?
BASTA MIRAR UN GLOBO TERRÁQUEO

LOS DEL HEMISFERIO NORTE VIVEN CABEZA ARRIBA. Y NOSOTROS CABEZA ABAJO

¡ABSURDO!
¡NO!.. ¿NO VES QUE LOS PAÍSES DESARROLLADOS SON **JUSTAMENTE** LOS QUE VIVEN CABEZA ARRIBA?

©QUINO
¿Y ESO QUÉ PRUEBA?
QUE POR VIVIR CABEZA ABAJO, A NOSOTROS LAS IDEAS SE NOS CAEN!.

17
¡VAMOS A REFUTARLE A MAFALDA SU TEORÍA DE QUE SOMOS SUBDESARROLLADOS POR VIVIR CABEZA ABAJO!

¡SI AL PAPÁ DE MANOLITO SE LE CAYERAN LAS IDEAS DESARROLLISTAS, NO TENDRÍA UN ALMACÉN TAN PRÓSPERO!
¡CLARO!

¡PERO MANOLITO NACIÓ AQUÍ. Y A ÉL TAMPOCO SE LE CAEN LAS IDEAS!
PORQUE NACIÓ EN ESPAÑA, CABEZA ARRIBA

TOC
TOC
SE EXPLICA PERFECTAMENTE
©QUINO

¿VES, FELIPE? EN REALIDAD NO ES QUE LOS ADULTOS CREZCAN

?
SIMPLEMENTE LLEVAN MÁS TIEMPO QUE NOSOTROS VIVIENDO CABEZA ABAJO

©QUINO
Y, LÓGICAMENTE, EL PESO DE LA CABEZA LOS VA ESTIRANDO

!

?

©QUINO

¿A QUÉ JUEGAN, CHICOS?
AL GOBIERNO

BUENO; A NO HACER LÍO, ¿EH?

DESCUIDÁ, NO VAMOS A HACER ABSOLUTAMENTE NADA
©QUINO

¡NO SÉ QUÉ ME PASA HOY! ¡ANDO CON EL ÁNIMO POR EL SUELO!
27

¡QUÉ TRISTE DESTINO PARA UN ÁNIMO!
©QUINO

NADA DETIENE EL AVANCE DE UNA NUEVA GENERACIÓN TECNIFICA-DA
30

FSSSSSHH!

Y MENOS UNA VIEJA GENERACIÓN DESPRESTIGIADA
©QUINO

NO, MANOLITO. YA TE DIJE QUE NO
36

NO SEAS ASÍ, MAFALDA, ACEPTÁ EL CARAMELO QUE MANOLITO TE OFRECE

ESTÁ BIEN, LO ACEPTO

PERO A FIN DE MES TE ARREGLÁS **VOS** CON ÉL, ¿EH?
©QUINO

¿PORQUÉ LA T.V. Y LA RADIO HABLARÁN TANTO DEL VIETNAM?
¡QUÉ SÉ YO!..
37

ES UNO DE ESOS LÍOS QUE ARMA LA GENTE GRANDE, ASÍ QUE DEJÁ QUE LO SOLUCIONE LA GENTE GRANDE.

VOS QUE SOS GRANDE, MAMÁ, DECIME: ¿QUÉ LÍO ES ESE DEL VIETNAM?
Y...ESTEE...BUENO...¡JÉ-JÉ!..ES ...¡UN LÍO!...¡CUANDO LLEGUE PAPÁ PREGUNTALE A ÉL!

TOMÁ, FELIPE. PARA QUE ESPERÉS LAS SOLUCIONES DE LA GENTE GRANDE, ¿EH?
©QUINO

¡QUÉ DÍA MALDITO! ¡CON EL MALHUMOR DEL JEFE Y ESE CONDENADO BALANCE, ESTOY QUE EXPLOTO!
38

¡MENOS MAL QUE UNO LLEGA A CASA Y SE OLVIDA DEL MUNDO!

¡HOL....
¡TE ESPERABA, PAPÁ! QUIERO SABER QUÉ LÍO ES ESE DEL VIETNAM ¡EXPLICAME!
©QUINO

DELE QUINCE GOTAS EN UNA TAZA DE TILO BIEN CARGADO Y SI NO SE LE PASA VUELVA A VERME
NERVO CALM

¿TE PUEDO HACER UNA PREGUNTA, PAPÁ?
¡NO!
44

¡TUS PREGUNTAS SIEMPRE TRAEN PROBLEMAS! ¡YA LAS CONOZCO!
¡BUENO, BUENO!... ¡ESTÁ BIEN!...

¡TE QUEDARÁS CON LA DUDA DE QUÉ ES LO QUE QUERÍA PREGUNTARTE!
¡SIEMPRE SERÁ MEJOR!

¿MAFALDITA? ¿DORMÍS?
©QUINO

¡ES UNA BARBARIDAD!... ¡UN ESCÁNDALO!...
47

¡CON ESTOS PRECIOS NO HAY DINERO QUE ALCANCE!... ¡¡YO NO SÉ ADÓNDE VAMOS A PARAR!!

¡IR AL MERCADO TE INSPIRA, MAMÁ! ¿CÓMO SE TE OCURREN ESAS FRASES TAN, PERO TAN ORIGINALES?

LA INFLACIÓN VUELVE SUSCEPTIBLE A LA GENTE
©QUINO

BUEEEEENOOO...... ME VOY A HACER LOS DEBEEEERES...
48

¿QUÉ ESPERÁS? ¡TENÉS QUE HACERLOS ¿NO?!

LA VOLUNTAD DEBE SER LA ÚNICA COSA DEL MUNDO QUE CUANDO ESTÁ DESINFLADA NECESITA QUE LA PINCHEN
©QUINO

49

¡SIEMPRE CON ESOS CHICOS!...¡A MAFALDA LE CONVENDRÍA TENER AMIGUITAS!...

¡CLARO!...¡HAY QUE VER SI A LAS AMIGUITAS LES CONVENDRÍA TENER A MAFALDA
©QUINO

¿QUÉ DEMONIOS ES ESO, FELIPE?
UN YÓ-YÓ
51

¿UN VOS-VOS?
¡NO!¡UN "YÓ-YÓ"!

¡AH!..¿UN FELIPE-FELIPE?
¡NO! ¡NO ES YO DE "YO"! ¡SE LLAMA "YÓ-YÓ"! ¿ENTENDÉS? "¡YÓ-YÓ", "YÓ-YÓ"!

¡EGOCÉNTRICO!
©QUINO

....¡Y ADEMÁS ES NO TENER PERSONALIDAD, PORQUE TODO EL MUNDO ANDA CON UN YÓ-YÓ!
53

¡SÍ, PERO CADA CUAL LO USA DE ACUERDO A SU PERSONALIDAD!

¿AH SÍ? ¡UN EJEMPLO! ¡A VER UN EJEMPLO!

BUENAS...
©QUINO

DECIME, CUANDO VOS ERAS CHICO, ¿TAMBIÉN JUGABAS AL YO-YO?
¡POR SUPUESTO, Y NO HABÍA QUIÉN ME GANARA!
55

¡BUAAAA!...

¡MAFALDITA! ¿QUÉ TENÉS? ¿POR QUÉ LLORÁS?

¡PORQUE SI ESTA GENERACIÓN SALE COMO LA TUYA, ESTAMOS FRITOS!
¡BUAAAA!...
©QUINO

¿VES? PONEMOS LA SEMILLITA, LA TAPAMOS...
TUP TUP
67

...LA REGAMOS UN POQUITO...

...Y DENTRO DE UNOS DÍAS TENEMOS UNA HERMOSA PLANTA

¡YA TUVISTE QUE CONTARME EL FINAL!
©QUINO

¿SABÉS PORQUÉ LOS BILLETES VIENEN TAN PLANCHADITOS ÚLTIMAMENTE? ¡PORQUE SON "WASH AND WEAR"!
69

¿"WASH AND WEAR"? LOS BILLETES **NO** SON "WASH AND WEAR"; SON "**BEST-SELLERS**"

¡BEST-SELLERS SON LOS LIBROS, HOMBRE!

¿Y PORQUÉ NO LOS BILLETES? ¡SI SON DE LO QUE MÁS EJEMPLARES SE IMPRIMEN Y LAS EDICIONES QUE MÁS PRONTO SE AGOTAN!
©QUINO

PENSÁNDOLO BIEN, ES MONSTRUOSO QUE SE IMPRIMAN MÁS BILLETES QUE LIBROS
71

¡ALGÚN DÍA SE DARÁ MÁS VALOR A LA CULTURA QUE AL DINERO!

¿NO SON ALGO INGENUAS TUS IDEAS, FELIPE?

¡INGENUAS NO! ¡SON PELIGROSAS!
©QUINO

LA POBRE HA CONTRAÍDO EL TEMOR DE TENER PELOS EN LA LENGUA

LA VIDA ES LINDA, LO MALO ES QUE MUCHOS CONFUNDEN LINDO CON FÁCIL

TUS IDEAS SON MUY LOABLES, FELIPE, PERO UN POCO INGENUAS

¿ES INGENUO PRETENDER QUE LA GENTE APRECIE MÁS LA CULTURA QUE EL DINERO?

¿NO SERÍA HERMOSO EL MUNDO SI LAS BIBLIOTECAS FUERAN MÁS IMPORTANTES QUE LOS BANCOS?

¡NO! ¡PEDAZO DE EXTREMISTA!
©QUINO

MI PAPÁ ME EXPLICÓ CÓMO ES ESTO DEL AJEDREZ. PRIMERO VAN LOS PEONES, EN ESTA LÍNEA...
AJHÁ

... DESPUÉS, EN ESTA OTRA, VAN EL REY, LA REINA Y.....
¡CÓMO!... ¡NO, NO, NO!... DEBE SER AL REVÉS

PRIMERO EL REY Y LA REINA, Y DESPUÉS LOS PEONES
¡NO, MI PAPÁ ME DIJO QUE PRIMERO LOS PEONES!

¿ES SOCIALISTA TU PAPÁ? ¿EHÉ? ¡A QUE ES SOCIALISTA!...... ¿NO?... ¡ES!... ¿EHÉ? ¡ES SOCIALISTA! ¿NO ES VERDAD? ¿EHÉ?
©QUINO

¡TE EXPLICO CÓMO SE JUEGA, PERO NADA DE INTERRUPCIONES! ¿PROMETIDO?
PROMETIDO

BUENO, ÉSTA ES LA REINA ¿VES?. LA REINA SE MUEVE PARA TODOS LADOS

¡DESCOCADA! ¡SEXY DE PORQUERÍA!

NO, FELIPE... ..NO ABRIRÉ LA BOCA.. ....LO JURO...FELIPE.. ...FELIPITO...
©QUINO

NO SEAS ASÍ, FELIPITO. EXPLÍCAME. JURO NO INTERRUMPIRTE
¡ASÍ LO ESPERO!
79

BIEN. ÉSTE ES EL REY. EL REY PUEDE COMER PARA ADELANTE, PARA ATRÁS, PARA LOS COSTADOS... ¡EN FIN!, COME PARA TODAS PARTES.

LOS PEONES, EN CAMBIO, SÓLO PUEDEN COMER NADA MÁS QUE
¿VES? ¿VES?

¡DESPUÉS SE EXTRAÑAN DE QUE AVANCE EL COMUNISMO!
©QUINO

..."RESPONDER SENCILLA Y CLARAMENTE A LAS PREGUNTAS DE LOS HIJOS ACRECIENTA LA COMUNICACIÓN Y LA CONFIANZA DE ÉSTOS HACIA SUS PADRES"
80

¡"SENCILLA Y CLARAMENTE"!... ¡ASÍ RESPONDERÉ DESDE HOY A LAS PREGUNTAS DE MAFALDA!
PEDAGOGÍA

PAPÁ, ¿PODRÍAS EXPLICARME POR QUÉ FUNCIONA TAN MAL LA HUMANIDAD?

¿SE HA DORMIDO?
©QUINO

81

¡AAAH!... ¡EL AJEDREZ!... ¡ANTES, CUANDO YO LO JUGABA, NO HABÍA QUIEN ME GANARA!

¿LOS PADRES DIRÁN ESAS COSAS PARA QUE UNO LOS ADMIRE CON RETROACTIVIDAD?
©QUINO

PLATOS VOLADORES. ¡DIOS MÍO!
91

¿Y PORQUÉ HABIENDO MUNDOS MÁS EVOLUCIONADOS **YO** TENÍA QUE NACER EN **ÉSTE**?
©QUINO

¿ASÍ QUE HAY MUNDOS QUE TIENEN PLATOS VOLADORES, Y TODO!...
92

¡ASÍ QUE HAY MUNDOS MÁS EVOLUCIONADOS QUE EL NUESTRO!...

©QUINO

¡ÑÑÑÑÑ!

96

..."HIZO EL PAPA UN NUEVO LLAMADO A LA PAZ"...

Y LE DIO OCUPADO, COMO SIEMPRE, ¿NO?
©QUINO

MI MUÑECO ES MUY INTELIGENTE; APRETÁNDOLE LA BARRIGA DICE "MAMÁ"
97

DEBE SER EXTRANJERO¿NO?
NO SÉ. ¿POR?

PORQUE SI FUERA DEL PAÍS, AL **APRETARLE LA BARRIGA....**

...GRITARÍA: "¡HUELGA!"
©QUINO

¿QUÉ VAS A SER CUANDO LLEGUES A GRANDE, SUSANITA?
98

¡VOY A SER MADRE!

TU PAPÁ ES MUY ORIGINAL PARA ECHARSE A DESCANSAR
©QUINO

¡LÍOS EN TODAS PARTES!...¡QUÉ MAL ANDA EL MUNDO!
99

¿Y QUIÉN ES EL CULPABLE, EH? ¡QUE APAREZCA EL CULPABLE Y VERÁ LA QUE LE DOY!

¡EL MUNDO HACE SIGLOS QUE ANDA MAL! ¿OÍSTE? **¡SIGLOS!**

¡ENTONCES EL CULPABLE DEBE HABERSE MUERTO! **¡¡EL MUY COBARDE!!..**
©QUINO

¿NO TE PARECE, SUSANITA, QUE VIVIMOS EN UN MUNDO MUY COMPLICADO?

A MÍ ME RESULTA MUY SENCILLO, ES UN MUNDO DE PADRES E HIJOS

TODOS LOS HABITANTES DEL GLOBO SON PADRES O HIJOS DE ALGUIEN ¡Y ESO ES TODO!

ESTA NENA ME HACE SENTIR VIEJA

¡APURATE, FELIPE! NO QUIERO PERDER EL NOTICIOSO. ¡SEGURO DIRÁN ALGO DEL "MARINER" Y LAS FOTOS DE MARTE!

¡VIDA EN MARTE! ¿NO ES SORPRENDENTE QUE HAYA VIDA EN OTROS PLANETAS?
TIC

"...Y BOMBARDEARON INTENSAMENTE VIET-NAM DEL NORTE. -GINEBRA: NO SE LLEGA A UN ACUERDO SOBRE DESARME NUCLEAR. -JORDANIA: UN NUEVO TIROTEO CON TROPAS DE ISRAEL"....

LO SORPRENDENTE ES QUE HAYA VIDA EN **ESTE** PLANETA

¡MAMÁ, ESTA LECHE TIENE NATA!

¡SIEMPRE IGUAL! ¿AL SERVIRLA NUNCA TE FIJÁS SI TIENE NATA?

¿O ESTÁS CONTRA EL CONTROL DE LA **NATALIDAD**?

SUSANITA OLVIDÓ AQUÍ A SU HIJITO
108

MA-MÁ

Y SI NO FUNCIONA, ¿DE QUÉ SIRVE TENER HECHA LA INSTALACIÓN?
© QUINO

¡ESTOY HARTA DE COMUNISMO Y CAPITALISMO! ¿PORQUÉ NO PODREMOS VIVIR EN UN MUNDO SIN OPCIONES? ¡DETESTO LAS OPCIONES!
110

HOLA
HOLA

¿VOS A QUIÉN QUERÉS MÁS; A TU MAMÁ O A TU PAPÁ?

© QUINO

¡FANTÁSTICO! ¡ESTOY IGUALITO! ¡ME EMOCIONA QUE TE ACORDÉS TAN BIEN DE MÍ!
111

PORQUE... LO HICISTE DE MEMORIA, ¿NO?
NO...

LO HICE CON ESTE MODELO

HOY HE APRENDIDO QUE LA VERDAD DESILUSIONA A LA GENTE
© QUINO

FELIPE SE ENOJÓ PORQUE LE HICE NOTAR QUE SU CABEZA TIENE FORMA DE ZAPATO
ES TONTO ENOJARSE POR UNA COSA ASÍ
112

¡CLARO! ES COMO SI VOS TE ENOJARAS PORQUE TU CABEZA PARECE UN CEPILLO
¡CLARO! ¿CÓMO IBA A ENOJARME YO POR ESO?

¿UN CEPILLO?
© QUINO

PRIMERO VOY A SER UNA SEÑORA, ¿NO?, DESPUÉS VOY A TENER HIJITOS
113

LUEGO COMPRARÉ UNA CASA GRANDE, GRANDE, GRANDE Y UN AUTO MUY LINDO Y DESPUÉS JOYAS Y LUEGO TENDRÉ NIETITOS
© QUINO

Y ÉSA SERÁ MI VIDA. ¿TE GUSTA?
SÍ; EL ÚNICO DEFECTO....

....ES QUE ESO NO ES UNA VIDA; ¡ES UN ESCALAFÓN!

TENER HIJITOS ESTÁ MUY BIEN, SUSANITA, PERO LOS TIEMPOS CAMBIAN
114

ADEMÁS DE SER MADRE, HOY LA MUJER DEBE CONTRIBUIR AL PROGRESO, HACER COSAS IMPORTANTES!
¡TENÉS RAZÓN!

¡DESDE MAÑANA MISMO APRENDERÉ A JUGAR AL BRIDGE!

¿QUÉ PASA?...¿ACASO NO JUEGAN AL BRIDGE LAS SEÑORAS IMPORTANTES?
¡DIOS MÍO!
© QUINO

118

¡EJHÉM!

¡¡DESDE ESTA HUMILDE SILLITA FORMULO UN EMOTIVO LLAMADO A LA PAZ MUNDIAL!!

¡TOTAL!... PARECE QUE HOY EN DÍA, EL VATICANO, LA UN. Y MI SILLITA TIENEN EL MISMO PODER DE CONVICCIÓN
©QUINO

¿QUÉ ES ESE RECORTE DE DIARIO, MAFALDA?
LA FOTO DE UN COHETE ATLAS
119

¿NO TE EMOCIONA? ¡ES COMO TENER EL FUTURO EN LA MANO!
¡ES CIERTO, SÍ!

¡ES REALMENTE EMOCIONANTE! ¡PARECE UN LÁPIZ DE LABIOS!

¿QUÉ PASA? ¿NO VAS A USAR LÁPIZ DE LABIOS CUANDO SEAS GRANDE? ¿NO TE EMOCIONA **ESE** FUTURO?
¡DIOS MIO!
©QUINO

¡TOMÁ!...¡Y A VER CUÁNDO APRENDÉS A ESCRIBIR!
GRACIAS, FELIPE
124

¿QUÉ TE ESCRIBIÓ FELIPE EN ESE PAPELITO?
UNA DE LAS COSAS QUE TENGO QUE HACER EN MI VIDA

COMO NO QUIERO OLVIDAR TODAS LAS COSAS QUE TENGO QUE HACER EN MI VIDA, A MEDIDA QUE SE ME VAN OCURRIENDO LE PIDO A FELIPE QUE ME LAS ANOTE
¿Y ESO LO ENOJA?

©QUINO
SÍ

¿SABÍAS, MAFALDA? ¡MI HIJITO SERÁ MÉDICO!
125

Y CUANDO YO PASE LA GENTE DIRÁ: "¡AHÍ VA DOÑA SUSANITA, LA MADRE DEL DOCTOR HIJO DE DOÑA SUSANITA!"

¡Y TODO EL MUNDO SE ENFERMARÁ DE ENVIDIA...Y MI HIJITO SE HARÁ MUY RICO CURANDO LA ENVIDIA!

¿CUÁNTO CREES QUE PUEDE LLEGAR A GANAR POR MES UN BUEN ENVIDIÓLOGO?
© QUINO

¿QUÉ ESTÁS HACIENDO, MAFALDA?
ESTOY PLANIFICANDO MI VIDA
127

PARA NO VIVIR A TONTAS Y A LOCAS ESTOY TRAZANDO UN PLAN QUE ME AYUDE A ORGANIZAR MI VIDA CON CLARIDAD

TEÓRICAMENTE HABLANDO, POR SUPUESTO
© QUINO

¡CUIDADO, MAMÁ! ¡NO ME PISES LA VIDA!
!
128

¡¿NO VES QUE ESTOY TRAZANDO UN ESQUEMA DE CÓMO SERÁ MI VIDA!?

© QUINO

¡HAS ARRUINADO MI VIAJE DE ESTUDIOS AL JAPÓN!

NO. EL DICCIONARIO NO DICE QUE SEA MALA PALABRA
¿NOOOO?
131

¿Y QUE ES UNA ASQUEROSIDAD INMUNDA? ¿EÉH? ¿NO DICE QUE ES UNA ASQUEROSIDAD INMUNDA?
NO, TAMPOCO
¡NO PUEDE SER!... LEÉ, A VER

"SOPA: (del alemán, suppe) PLATO DE CALDO CON PAN, PASTAS, FÉCULAS, ETC."

?

¿QUIÉN ES ESTE TIPO, FELIPE?
EL LLANERO SOLITARIO
133

¿POR QUÉ SOLITARIO?
PORQUE LUCHA ÉL SOLO CONTRA LOS MALOS

¡CÓMO! ¿EL BORRICO ESTE NO SABE QUE ES MUCHO MÁS POSITIVO TRABAJAR EN EQUIPO?

¡HAY TIPOS IGNORANTES!...

¡BUEN DÍA, MUNDO! ¡BUEN DÍA, GENTE BUENA DE TODA LA TIERRA!
135

¡ÑUEN ÑIA!

SI UNO NO LA SALUDA, LA GENTE MALA ES CAPAZ DE OFENDERSE

ÉSTE ES JOE CRANE, UN MALVADO QUE LES VENDE ARMAS A LOS APACHES
136

PERO *EL LLANERO SOLITARIO* ESTÁ AL TANTO DE TODO ¿VES?

¡IMPEDIRÉ QUE JOE CRANE CONTINÚE VENDIENDO ESOS FUSILES A LOS APACHES!

¿Y QUIÉN SE CREE QUE ES EL MASCARUDO ESE PARA VENIR A COARTAR LA LIBERTAD DE COMERCIO?
© QUINO

A CONTINUACIÓN PRESENTAMOS....
137

EL PANORAMA INTERNACIONAL, CON NOTICIAS

?

¿SE HABRÁN ACABADO LAS PILAS?....¿O LOS PROBLEMAS INTERNACIONALES?
© QUINO

¡MAFALDA!....
VOOOY...
140

YA QUE ME ESTÁS AYUDANDO, PASALE EL PLUMERO AL GLOBO TERRÁQUEO, ¿EH?

?

© QUINO
¿LIMPIO TODOS LOS PAÍSES O SOLO LOS QUE TIENEN MALOS GOBIERNOS?

¿HACIA DÓNDE CREEN USTEDES QUE SE DIRIGE LA HUMANIDAD?
141

HACIA ADELANTE, POR SUPUEST....

¡ADELANTE ES PARA ALLÁ!
!

¡ALLÁ NO ES "ADELANTE"!
¡PERO ES MI "ADELANTE"!
¡TU "ADELANTE" NO ES MI "ADELANTE"!
¡NO!
EMPIEZO A COMPRENDER PORQUÉ A LA HUMANIDAD LE CUESTA TANTO IR HACIA ADELANTE
©QUINO

¡QUÉ CALAMIDAD!
143

ME HE ENTERADO DE QUE CUANDO AQUÍ ES MEDIODÍA, EN EUROPA YA ES MEDIATARDE Y EN ASIA MEDIANOCHE

¿Y?
©QUINO

¡Y!... ¡QUE NO VEO CÓMO PUEDE ADELANTAR UN PAÍS AL QUE LAS HORAS LE LLEGAN YA USADAS POR MÁS DE MEDIO MUNDO!

¡CLARO! ¿CÓMO NO VA A ANDAR MAL EL MUNDO?
PUMBI
144

SI CUANDO EN NORTEAMÉRICA ES MEDIANOCHE, EN CHINA ES MEDIODÍA

Y CUANDO EN CHINA ES MEDIANOCHE, EN NORTEAMÉRICA ES MEDIODÍA
©QUINO

¿CÓMO DEMONIOS PUEDEN LLEGAR A ENTENDERSE DOSCIENTOS MILLONES DE TIPOS ALMORZANDO CON SEISCIENTOS MILLONES DE TIPOS DURMIENDO?
PUMBI

PROHIBIDO
PISAR EL
CÉSPED

¿Y LA DIGNIDAD NO?

ES QUE ESTO DE SALTAR A LA CUERDA NO ES PARA INTELECTUALES COMO VOS

PAPÁ...
¿HÚH?

LOS CHINOS SON UN PELIGRO PARA EL MUNDO OCCI-DENTAL, ¿NO?
SSSÍ
146

Y AHORA QUE PARA NOSOTROS ES DE NOCHE Y ESTAMOS DESCANSANDO,..

..PARA ELLOS ES DE DÍA Y **ESTÁN TRABAJANDO**, ¿NO?
SÍ, CLAR....!
©QUINO

¿QUÉ TE PREOCUPA, SUSANITA?
149

EL CONTROL DE LA NATALIDAD

BUENO, PERO ESO...
¡"PERO ESO" UN PEPINO!

©QUINO
¡YO QUIERO SER UNA MADRE DESCONTROLADA!

150

ES LA ÚNICA MANERA DE SOBRELLEVAR ESTA INMENSA Y BLANCA SOLEDAD DE LA BAÑADERA
©QUINO

154

...INESTABLE...

.....Y EMPEORANDO LUEGO

HA SIDO EL PRONÓSTICO METEOROLÓGICO

¡CREÍ QUE HABLABAS DEL GOBIERNO!... ¡MALDITO ALARMISTA!
©QUINO

¡BUENAS NOCHES, MUNDO! SERÁ HASTA MAÑANA

157

PERO ¡OJO!, QUE QUEDAN MUCHOS IRRESPONSABLES DESPIERTOS, ¿EH?
©QUINO

160

¿QUIÉN ES ESTE MUCHACHO?
YO

LA VERDAD ES QUE SOS MÁS LINDO AHORA

¿Y ÉSE, TAN CONTENTO?
¡ALGÚN MASOQUISTA!
©QUINO

161

¿POR QUÉ HAY GENTE POBRE, MAMÁ?

Y... BUENO... PUES... ...ESTEEE... EN FIN...

¡ESPERÁ, ESPERÁ!

NO SOSPECHÉ QUE MI PREGUNTA FUERA TAN INTERESANTE
©QUINO

¡ESTA NO FLORECIÓ! Y TUVO RIEGO, LUZ, ABONO..... NO SÉ QUÉ PUEDE HABERLE FALTADO
163

¡LLEGÓ LA PRIMAVERA!

¡

©QUINO
INFORMACIÓN

¿ESTÁ TU MAMÁ, NENITA?
E
SE ESTÁ BAÑANDO, ¿QUÉ DESEA?
171

OFRECERLE LA EXTRAORDINARIA MÁQUINA DE LAVAR "WHASHEX-70"
NUEVA!

¿SIRVE PARA LAVAR CONCIENCIAS?
NUEVA!
©QUINO

¿QUIÉN ERA, MAFALDA?
NADIE ORIGINAL, MAMÁ

...SEÑALANDO QUE LOS AGENTES DEL COMUNISMO SE HALLAN INFILTRADOS EN TODOS LADOS; ANTE EL REQUERIMIENTO...
172

...PERIODÍSTICO, DE SI PODÍA ESPECIFICAR EN QUÉ LADOS, EL SR. MINISTRO SE LIMITÓ A RECALCAR:...

-"EN TODOS."
©QUINO

¿QUÉ HACÉS, MAFALDA?
SOY UNA CÁPSULA ESPACIAL
173

¿LLEVÁS ALGÚN TRIPULANTE DE ESOS QUE ABREN LA ESCOTILLA Y SALEN AL ESPACIO?

©QUINO
¡A QUE NUNCA VISTE UN TRIPULANTE TAN HÚMEDO!..

¿CUÁNTO GANA TU PAPÁ?
NO SÉ, ¿Y EL TUYO?
174

TAMPOCO SÉ; PERO GANA MÁS QUE TU PAPÁ
¡SI NO SABÉS CUÁNTO GANA NINGUNO DE LOS DOS, NO PODÉS AFIRMAR ESO!

¡NO ES CUESTIÓN DE AFIRMAR NADA, SINO DE NO ESTROPEAR MI ESQUEMA!
©QUINO

¡MAFALDA! ¿VOS TENÉS EL DIARIO DE HOY?
179

¿NO PODÍAS HABER USADO UN DIARIO VIEJO?

©QUINO

¿QUÉ RECORTÁS DEL DIARIO, MAMITA?
UNA RECETA
180

¿ALGO RICO?
SOPA DE PESCADO

¡MALDITA SEA LA LIBERTAD DE PRENSA!
©QUINO

¡CUANDO SEA GRANDE QUIERO TENER MUCHOS VESTIDOS!
¡Y YO MUCHA CULTURA!
181

¿TE LLEVAN PRESA POR SALIR A LA CALLE SIN CULTURA?
NO

¡PROBÁ SALIR SIN VESTIDO!...
©QUINO

ES MUY TRISTE TENER QUE PEGARLE A ALGUIEN QUE TIENE RAZÓN

¡FELIZ DÍA, MAMITA!
187

¡OH!...¡UN LIBRO! ¡GRACIAS, MAFALDA!

¡HOY ES UN DÍA HERMOSO!

SÍ... ¡LÁSTIMA LA HUMEDAD!...
©QUINO

TIC!
188

¡FIIIIIIIIIZ-FIIIIIIIZ!
¡GOOOK!
¡DOINNG!
¡ZÁS! ¡ESTÁ DESCOMPUESTA LA RADIO!...

SE HA ESCUCHADO MÚSICA ELECTRÓNICA

¡ZÁS! ¡ESTÁ DESCOMPUESTO EL ARTE!..
©QUINO

AYER ESTUVE EN PENITENCIA POR COMER BOMBONES SIN PERMISO
190

CUANDO A MÍ ME PONEN EN PENITENCIA PIENSO QUE SE VA A **QUEMAR** LA CASA Y YO VOY A SALVAR A MIS PAPÁS Y ELLOS VAN A PEDIRME PERDÓN LLORANDO

MAFALDA, ¿NO VISTE POR AQUÍ UNA CAJA DE FÓSFO
SÍ, TOMÁ, LA TENGO YO

¿DE QUÉ HABLÁBAMOS?
©QUINO

ES MUY GRACIOSO LO QUE SE ME OCURRE PENSAR A MÍ CUANDO ME PONEN EN PENITENCIA
191

PIENSO QUE ME VOY A MORIR... ¡JHÁ!... Y QUE MIS PAPÁS LLORARÁN ARREPENTIDOS POR HABERME PUESTO EN PENITENCIA, SIENDO YO TAN BUENO

"¡ERA TAN BUENO!... ¡Y SE MURIÓ!... ¡Y ESTABA EN PENITENCIA!... ¡Y... .... Y......" ....

¡SÑÍG!..
©QUINO

¿ASÍ QUE ÉSTA ES TU NENA, QUERIDA? ¡QUÉ RICURITA!
202

¿A QUIÉN QUERÉS MÁS, TESORO, A TU MAMÁ O A TU PAPÁ?

¿USTED QUIERE LA RESPUESTA "STANDARD", O UNA EXPLICACIÓN MÁS COMPLETA DE LO QUE SIENTO POR CADA UNO?
©QUINO

¡LA SOPA ES A LA NIÑEZ LO QUE EL COMUNISMO ES A LA DEMOCRACIA!
203
©QUINO

CUANDO SEA GRANDE, TRABAJARÉ COMO INTÉRPRETE EN LA UN
207

ASÍ CONTRIBUIRÉ A QUE LOS PUEBLOS SE ENTIENDAN

ESTUDIARÉ INGLÉS, RUSO,.....

¡DÍGALE QUE SE VAYA A
E.E.U.U.
INTÉRPRETE
U.R.S.S.

....Y ALGO DE YUDO, POR LAS DUDAS
©QUINO

¡MAFALDA, YA NO SOS MÁS LA HIJITA DE UNA MEDIOCRE!
!
209

¡ESTUDIÉ UNA CARRERA! ¡TENGO UN DIPLOMA!

¡MAMÁ!..¡ANOCHE SOÑÉ QUE TENÍAS UN DIPL.......

?
©QUINO

ANOCHE SOÑÉ QUE MI MAMÁ HABÍA ESTUDIADO UNA CARRERA
210

¿Y HABÍA IDO A LA FACULTAD, Y TODO?
CLARO

¿Y HABÍA CONSEGUIDO NOVIO, Y TODO?
¿NOVIO? ¡NO!

¿ASÍ QUE HABÍA IDO A LA FACULTAD, Y NADA!
©QUINO

ME HE ENTERADO QUE TE INTERESA EL TEMA DE LOS SUEÑOS, MAFALDA
212

LAS OTRAS NOCHES TUVE UN SUEÑO QUE ENFOCABA EL PROBLEMA DE LA SOLEDAD DEL INDIVIDUO
¡SALUTE!

¡SÍ SEÑOR! ¡EL TERRIBLE Y ANGUSTIOSO PROBLEMA DE LA SOLEDAD DEL INDIVIDUO! ¡NO TE EXAGERO!...

BUENO,... TAL VEZ SÍ TE EXAGERO,... PORQUE EN REALIDAD, SOÑÉ CON "EL LLANERO SOLITARIO"
©QUINO

ESCUCHEN ESTO: "EN EL AÑO 1900, LOS HABITANTES DE LA TIERRA SUMABAN MIL SEISCIENTOS MILLONES. EN LA ACTUALIDAD, SOMOS TRES MIL MILLONES,..."
215

"...Y SE CALCULA QUE EN LOS PRÓXIMOS 30 AÑOS LLEGAREMOS A SER **SIETE MIL MILLONES**."

©QUINO

POR FAVOR, MANOLITO, ¿QUERÉS **NO** ADELANTARTE TREINTA AÑOS, Y SACAR TU CODO DE MIS COSTILLAS?

¿TE HAS ENTERADO, SUSANITA? ¡DENTRO DE TREINTA AÑOS LOS HABITANTES DE LA TIERRA VAMOS A SER SIETE MIL MILLONES!
216

¡SANTO DIOS! ¿Y MIS HIJITOS?

TUS HIJITOS, ¿QUÉ?..

¿CABRÁN?...
©QUINO

¡TRAIDORA! ¡ME METISTE EN LA CABEZA EL PROBLEMA DE LA SUPERPOBLACIÓN MUNDIAL, Y AHORA TE DESPREOCUPÁS DEL ASUNTO!
¡QUÉ LATOSA! ¡DIOS MÍO!
221

¡PARA QUE SEPAS: CUANDO EL MUNDO ESTÉ SUPERPOBLADO VAN A FALTAR LOS ALIMENTOS!

EL DIARIO
ESCASEZ MUNDIAL DE SOPA
TRATOSE EL PROBLEMA EN LA UN

?
¡ÚÚÚJHUU!
©QUINO

MIRÁ, PAPÁ; SE TE HA CAÍDO UNA SEMILLA
223

¿Y ESO DE SEÑALAR CON EL MEÑIQUE? ¿ES UNA NOVEDAD?

Y,.... ME DIO NO SÉ QUÉ SEÑALAR A UNA INOCENTE SEMILLITA CON EL ÍNDICE

¡EL ÍNDICE ESTÁ TAN USADO EN POLÍTICA!......
©QUINO

224
REALMENTE, EL ÍNDICE ES UN DEDO FANTÁSTICO

DISCA EL TELÉFONO,..... PASA LAS HOJAS DE LOS LIBROS,....

...HACE CALLAR A LA GENTE,..... OPRIME MUY IMPORTANTES BOTONES,..

©QUINO

¡SOS TODO UN EJECUTIVO!

LO MALO DEL DEDO ÍNDICE ES QUE NO SIRVE PARA LLEVAR ANILLO

ADEMÁS, ES ÚTIL PARA DECIR "NO",...
227

...PERO MIRÁ LO RIDÍCULO QUE RESULTA PARA DECIR "SÍ"

¡NI PARA ANILLO, NI PARA DECIR "SÍ"! ¡NO ES UN DEDO MUY CASAMENTERO, QUE DIGAMOS!...
©QUINO

PAPÁ...
¿MMM? ¿QUÉ PASA?
229

QUE NO PUEDO DORMIRME
¿OTRA VEZ? CONTÁ OVEJITAS, MAFALDA

¡PST!...
¿QUÉ HACÉS AQUÍ? ¡ANDÁ A TU CAMA A CONTAR OVEJAS!
©QUINO

¿ESTÁS LOCO? ¡ECHÉ UN VISTAZO Y HAY COMO SIETEMIL!

¡QUE A MANOLITO, CON LO BESTIA QUE ES, LE GUSTE LA SOPA, NO ME EXTRAÑA! ¡LO QUE ME REVIENTA ES QUE LOS GRANDES NOS QUIERAN HACER CREER QUE SI UNO NO LA TOMA, NO CRECE!
230 ©QUINO

ALMACEN
!

¿SABEN QUE POR FIN LARGARON A MI HERMANO DEL SERVICIO MILITAR?

¡SÍ!...¡Y ES UNO DE LOS SUSTOS MÁS GRANDES QUE NOS HAN DADO LOS MILITARES!
?

¿ASÍ QUE TU HERMANO ACABA DE DEJAR LA VIDA MILITAR? ¡CONTAME ALGO DE ÉL, MANOLITO, QUERIDO!
231

¿LAS CHICAS DE LA SOCIEDAD LO INVITABAN A SUS FIESTAS DE 15 AÑOS, Y ÉL BAILABA, CON SU HERMOSO UNIFORME DE CADETE?

MI HERMANO NO ERA CADETE, ¡ERA CONSCRIPTO!

¡QUÉ ASCO!...
© QUINO

PAPÁ, ¿VOS HICISTE EL SERVICIO MILIT......
?
233
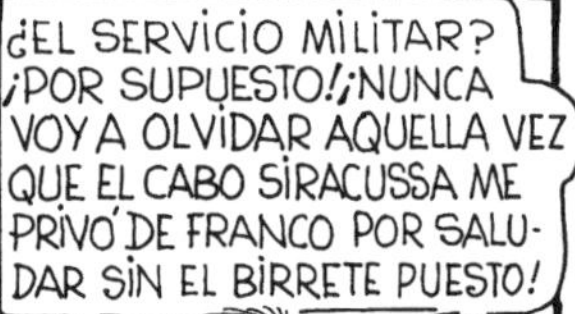
¿EL SERVICIO MILITAR? ¡POR SUPUESTO! ¡NUNCA VOY A OLVIDAR AQUELLA VEZ QUE EL CABO SIRACUSSA ME PRIVÓ DE FRANCO POR SALUDAR SIN EL BIRRETE PUESTO!

... Y LA NOCHE ANTES DE SALIR DE MANIOBRAS, EL RUBIO MONDINO, QUE ESTABA DE IMAGINARIA EN LOS CORRALES, SE DURMIÓ Y.. ¡JI-JI!.. SE SOLTARON TODAS LAS MULAS.. ¡JÁ! ¡QUÉ BAILE LE DIO LUEGO EL "PRINCIPAL" AZANZA! ¡ERA BRAVO, EL "PRINCIPAL" AZANZA! ¡RECUERDO UNA VEZ QUE..

¡EL QUE NO ERA MAL TIPO, ERA EL GORDITO PERUZZI! RESULTA QUE UNA VEZ, VA EL GORDITO PERUZZI A LA GUARDIA Y SE....
HASTA MAÑANA, MAFALDITA
PERDONAME MAMÁ, ¡YO QUÉ SABÍA!...
© QUINO

LA VERDAD..., ME ATERRA UN POCO PENSAR QUE ALGÚN DÍA TENDRÉ QUE HACER EL SERVICIO MILITAR

¡TE MANDARÉ AL CALABOZO, POR INÚTIL!
234

LE CONVIENE NO HACERLO, SARGENTO
¡CIELOS! ¡EL LLANERO SOLITARIO!

¿OÍSTE ANOCHE AL IDIOTA QUE NO SÉ A QUÉ HORA SE PUSO A DAR HURRAS?
NNN... NO, NO
© QUINO

a "Los Beatles"

QUINO

UNA COSA ES UN PAÍS INDEPENDIENTE Y OTRA UN PAÍS IN THE PENDIENTE

TU HERMANO HABRÁ SIDO BUEN CONSCRIPTO, PERO... ¿QUÉ QUERÉS? ¡A MÍ NO ME GUSTAN LOS CONSCRIPTOS!
(NO LE HAGÁS CASO, MANOLITO. NOSOTROS TE APOYAMOS)
235

¡LOS CONSCRIPTOS SON PELADOS Y FEOS!

¡AAAAAAAAAAH!
¡CLARO! ¡A ELLA LE GUSTAN ESOS TARADOS PELUDOS DE LOS BEATLES!

¡¡EPA!!...
©QUINO

¿ASÍ QUE NO TE GUSTAN "LOS BEATLES", MANOLITO?
¡ME LOS NOMBRAN, Y ME DA UNA FIEBRE DE CUARENTA GRADOS!
236

¡¿PERO CÓMO?! ¿VOS NO ADMIRÁS A LOS MILLONARIOS?... ¡"LOS BEATLES" SON MILLONARIOS!

¡BUENO!... ¡Y QUÉ!.. ¿TE CREES QUE ESO CAMBIA EN ALGO MI OPINIÓN SOBRE "LOS BEATLES"? ¿EEEH?
¿QUÉ PASA CON "LOS BEATLES?

¡QUE ME LOS NOMBRAN, Y ME DA UNA FIEBRE DE TREINTAYSIETE GRADOS!
©QUINO

¡SI CREEN QUE ME VAN A GUSTAR "LOS BEATLES" PORQUE SON MILLONARIOS, SE EQUIVOCAN!
237

¡LOS DE WALL-STREET!... ¡ÉSOS SON MILLONARIOS! ¡A ÉSOS SÍ LOS ADMIRO!

¡PORQUE "LOS BEATLES" HACEN BAILAR SÓLO A LA JUVENTUD!
¡EN CAMBIO LOS DE WALL-STREET HACEN BAILAR A TODO EL MUNDO!

©QUINO

¡Y SIN GUITARRITAS!

¿DENTRO DE CUÁNTOS DÍAS ES NAVIDAD?
VEAMOS; HOY ES 13 DE DICIEMBRE
238

ASÍ QUE NAVIDAD VIENE A SER DENTRO DE
MÑSB-SSÑM BSST-MÑÑG SSMÑÑBS...

ÉSTEEE,...DENTRO DE..
¡MALDITO SEA! ¡NECESITARÍA MÁS DEDOS!

¿DENTRO DE?...

¡DENTRO DEL ZAPATO!
©QUINO

VEINTICINCO
239

VEINTIZZZZ..

?
..ZZZZZZ..

¡BÉEEEE!..

...SEIS!..
©QUINO

ZZZZ

240

¡STUP!
¡STUP!

¡BUENO!.. ¡A VER!...

¿POR DÓNDE HAY QUE EMPEZAR A EMPUJAR ESTE PAÍS PARA LLEVARLO ADELANTE?
©QUINO

¡AH! VEO QUE TU RADIO TAMBIÉN TIENE EL SELLITO "MADE IN JAPAN"
¿CÓMO "TAMBIÉN"?
241

SÍ, ¿VES? AHÍ DICE "MADE IN JAPAN".
MI LINTERNA TAMBIÉN ES "MADE IN JAPAN"

EL ENCENDEDOR DE MI PAPÁ TAMBIÉN, LA CÁMARA FOTOGRÁFICA, LOS PRISMÁTICOS, MIS JUGUETES A PILA,... ¡TODO TIENE EL MISMO SELLITO "MADE IN JAPAN"!

?

¡ES DISTINTO! ¡QUÉ SUSTO!..
©QUINO

CUANDO SEA GRANDE VOY A CONSEGUIRME UNA BECA PARA CONOCER EL JAPÓN
242

UN PAÍS QUE FABRICA TANTAS COSAS LINDAS DEBE SER ALGO FANTÁSTICO, ¡SÍ SEÑOR!
¡ADEMÁS, LOS JAPONESES TIENEN SIEMPRE MUCHOS HIJITOS!

¡YA SALIÓ ÉSTA CON LOS HIJITOS!...

¡PARA QUE SEPAS: EL JAPÓN ES LO QUE ES, GRACIAS A SU PRODUCCIÓN HIJÍCOLA!
©QUINO

DECIME, ¿CÓMO SE LLAMA ESO QUE ¡FFGGGSS!, HACEN LOS JAPONESES PARA SUICIDARSE?
"HARAKIRI" ¿POR QUÉ?
244

PORQUE YO LE DISCUTÍ A MAFALDA QUE SE LLAMABA "IKEBANA"
Y BUENO,... VAS Y LE DECÍS: "MAFALDA, RECONOZCO QUE ESTABA EQUIVOCADO"

COMPRENDO; ES DURO TENER QUE ADMITIR QUE UNO ESTABA EQUIVOCADO
¡OTRA QUE DURO!...

¡ES EL HARAKIRI DEL ORGULLO!
©QUINO

245

¿KIMONO HITACHI FUJI-YAMA HARAKIRI MINOLTA HIROHITO?
?

¡KÁRATE, HIROSHIMA GEISHA! ¿SAMURÁI IKEBANA?

¡Y DESPUÉS HABLAN DE UNA MAYOR COMPRENSIÓN ENTRE ORIENTE Y OCCIDENTE!...
©QUINO

¡ZÁS!..¡MAFALDA ANDA PENSANDO ALGO!...¡YA ME LA VEO VENIR CON UNA DE SUS PREGUNTAS!
249

"PAPÁ, ¿POR QUÉ TAL COSA?"

¡AAAAAH!...

ESTOY EMPEZANDO A NOTAR QUE JUEGO UN PAPEL IMPORTANTE EN EL METABOLISMO DE ESTA FAMILIA
NERVO CALM
FARMACIA
©QUINO

DECIME, PAPÁ, ¿EXISTE EL AÑO QUE VIENE?
¿EXISTE QUEÉ?
250

¡EL AÑO QUE VIENE! ¿EXISTE REALMENTE? O SERÁ UNA DE LAS TANTAS COSAS QUE SE DICE QUE VIENEN Y LUEGO NO VIENEN!...
¿EEH?

¡PERO MAFALDA!... ¡¿CÓMO NO VA A EXISTIR EL AÑO QUE VIENE?!...

¿VOS LO VISTE?
©QUINO

255
¿SE HAN ACABADO EL HAMBRE Y LA POBREZA EN EL MUNDO?

¿SE SUPRIMIERON LAS ARMAS NUCLEARES?

¿SÍ?
ÉSTEEE,..BUENO, CREO QUE NO, HIJITA
©QUINO

¡¿Y ENTONCES PARA QUÉ CUERNOS CAMBIAMOS DE AÑO?!

TIC!
256

...Y AHORA EL PANORAMA DEL EXTERIOR: BOMBAS DE GRAN PODER ARROJÓ HOY LA AVIACIÓN DE...

TIC!

¡NO SE LES PUEDE DAR UN AÑO NUEVO, QUE ENSEGUIDA LO ROMPEN!
©QUINO

¡¡LOS REYES!! ¡¡LLEGARON LOS REYES!!
259
©QUINO

¡LA REVOLUCIÓN FRANCESA FUE UN POROTO, COMPARADA CON LO QUE EN ESTE MOMENTO PIENSO DE LA MONARQUÍA!

?
262

¿QUÉ?

¿QUÉ?

¡QUE SÍ TE GUSTA EL CASCO ESPACIAL QUE ME TRAJERON LOS REYES!
©QUINO

263

NADIE ME OYE CUANDO HABLO CON MI CASCO ESPACIAL
©QUINO

¡ES INÚTIL!... LA GENTE NUNCA ESCUCHA AL QUE VIENE CON ALGO PROGRESISTA EN LA CABEZA

¡NO SÉ QUIÉN ME MANDA A EMBARCARME EN ESTAS COSAS CON **ÉL**!...
268

¡COMO SI NO SUPIERA QUE SIEMPRE PASA LO MISMO!

¡SOY MÁS ESTÚPIDA QUE NO SÉ QUÉ!

¿MOVISTE DE UNA VEZ, MANOLITO?
¡EEEEEEH!
¡NO SOY UNA IBM!

¡NO SÉ QUIÉN ME MANDA A EMBARCARME EN ESTAS COSAS CON **ÉL**!...
©QUINO

269

LOS PRÓCERES DEBEN HABER SIDO TODOS GENTE MUY EQUILIBRADA
©QUINO

¿CUÁNTOS DÍAS TE VAS DE VACACIONES?
UNOS DIEZ, CREO; DEPENDE DE MI PAPÁ
279

ÉL DICE QUE LOS PASAJES CUESTAN UNA BARBARIDAD, QUE LOS HOTELES CUESTAN UNA BARBARIDAD Y QUE ¡TODO CUESTA UNA BARBARIDAD!

©QUINO

¿Y VOS?... ¿CUÁNTOS DÍAS TE VAS DE BARBARIDAD?

281

©QUINO

¿Y, MAFALDA? ¿QUÉ TE PARECE EL MAR?

HASTA AHORA, UN INDECISO

¡ES LINDO, EL MAR!
282

¡ZAS!.. ¡SE VA!

¡EH, VOLVÉ!
©QUINO

¡GUASSH!..

¡DEMONIOS CON LA OBEDIENCIA!..

285

¡EL FUTURO QUEDA HACIA ADELANTE!
©QUINO

HOLA, ¿CÓMO TE LLAMÁS?
MIGUELITO
288

¿VAMOS A BAÑARNOS, MIGUELIT
¡NO! ¡ODIO EL MAR!

©QUINO
¡LO ODIO DESDE QUE UN DÍA ME IMAGINÉ QUE TODO ESO ERA SOPA!

NO...NO COMÍ NADA... .....DÉJENME......... YA LES EXPLICARÉ...

¡MAFALDA DE VACACIONES, FELIPE DE VACACIONES, SUSANITA DE VACACIONES Y TODO EL MUNDO DE VACACIONES!
291

Y YO AQUÍ, TRABAJANDO. MIENTRAS LAS CIGARRAS DESCANSAN, YO PIENSO EN EL FUTURO Y TRABAJO, COMO LA HORMIGA DE LA FÁBULA

¡MALDITOS SEAN ESOPO, SAMANIEGO, IRIARTE Y TODOS ÉSOS!

MAMÁ..
¿HÚH?..
294

¿ESTE SOL ES EL MISMO QUE ALUMBRÓ A NAPOLEÓN, A BEETHOVEN, A NEWTON?...... ¿O ES OTRO?

ES EL MISMO, MAFALDA, ¡CÓMO VA A SER OTRO!..

¡PAVADA DE SOL ESTAMOS TOMANDO!....

¡PENSAR QUE ESTE SOL, ESTE MISMO SOL, ALUMBRÓ A SHAKESPEARE!..
295
¡A PASTEUR!..

¡A SAN MARTÍN!..
¡A BACH!..

¡CONTAGIAME!

¿TE DAS CUENTA, MIGUELITO? ¡ESE SOL QUE AHORA NOS ALUMBRA ES **EL MISMO** SOL QUE ALUMBRÓ A LINCOLN, A REMBRANDT!...
296

¡A BOLÍVAR!...
¡A CERVANTES!

¡A MUSSOLINI!...

MI ABUELITO HABLA MARAVILLAS DE MUSSOLINI
©QUINO

302

©QUINO

¡SALUTE!..

304

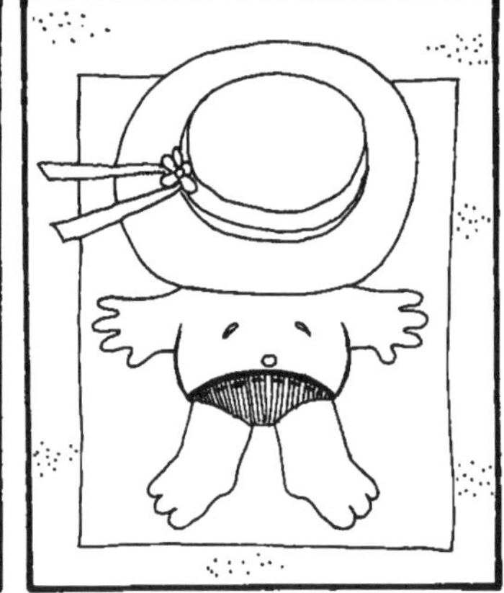

CADA VEZ QUE PIENSO QUE PASADO MAÑANA VOLVEMOS A CASA ME PONGO **TODA** TRISTE
©QUINO

¡MANOLITO!
¡MAFALDA! ¿QUÉ TAL TE TRATARON LAS OLAS?
307

¡CALLATE; NO HICIERON MÁS QUE DARME PALIZAS! ¿Y A VOS, POR AQUÍ CÓMO TE FUE?

¡IGUAL!
©QUINO

UNOS DÍAS MÁS Y EMPEZAREMOS A IR A LA ESCUELA
308

¿TE DAS CUENTA, SUSANITA? ¡APRENDEREMOS A LEER, A ESCRIBIR, A HACER CUENTAS!..

¿NO TE PARECE MARAVILLOSO?
SÍ,... POR UNA PARTE SÍ...

PERO POR OTRA, ES TRISTE ECHAR AHORA POR LA BORDA TODA UNA VIDA DEDICADA AL ANALFABETISMO
©QUINO

310

¿CABRÁ AQUÍ **TODO** LO QUE EN LA ESCUELA ME VAN A METER EN LA CABEZA?
©QUINO

ME CONTÓ MI PAPÁ QUE CUANDO ÉL IBA A LA ESCUELA, A LOS CHICOS QUE ERAN BRUTOS PARA APRENDER, EL MAESTRO LES PEGABA.
311

Y A LOS QUE NO QUERÍAN IR A CLASE, LOS PADRES LES DABAN UNAS PALIZAS TREMEN-DAS!....
©QUINO

ASÍ QUE LA INFANCIA DE MI PAPÁ FUE UN LARGO ROUND

DECIME, FELIPE, ¿ES CIERTO QUE EN LA ESCUELA LOS MAESTROS PEGAN A LOS CHICOS?
NO, ESO ERA ANTES; HOY LAS COSAS HAN CAMBIADO MUCHO
312

¿AHORA SON LOS CHICOS LOS QUE PEGAN A LOS MAESTROS?
¡NO, HOMBRE!.. ¡TAMPOCO!

©QUINO

¡COMO SIEMPRE!.. ¡AQUÍ LOS CAMBIOS NUNCA SON DE FONDO!

AL FIN DE CUENTAS NO SÉ PARA QUÉ HAY QUE IR A LA ESCUELA..
313

¡SI TODO EL MUNDO DICE QUE LA VIDA ES LA MEJOR ESCUELA!...¿PARA QUÉ IR A OTRA, DIGO YO?...¿NO APREN-DEMOS **TODO**, EN LA VIDA? ¿QUÉ TIENE DE MALO ESTA ESCUELA DE LA VIDA?
©QUINO

¡QUE LAS FIESTAS DE LOS EGRESADOS SON SIEMPRE UN VELORIO!

LO
IMPORTANTE
ES SER UNO
MISMO

¿PENSARON ALGUNA VEZ QUE SI NO FUERA POR TODOS NADIE SERÍA NADA?

¡DICHOSAS LAS MOSCAS, QUE NO TIENEN QUE IR A LA ESCUELA! ¡ME GUSTARÍA SER UNA MOSCA!
314

¡Y VOLAR, LIBRE! Y NO TENER QUE REPASAR LAS TABLAS DE MULTIPLICAR, NI AGUANTAR A LA MAESTRA, NI.....

¡PAF!

©QUINO

TRES POR UNO, TRES. TRES POR DOS, SEIS. TRES POR TRES, NUEVE TRES POR CUATRO,...

MI PAPÁ ME DIJO QUE HAY QUE VER LO QUE GASTÓ EN MIS ÚTILES DE ESCUELA
315

...Y QUE SI ESA PLATA LA HUBIERA INVERTIDO EN EL ALMACÉN, LE HUBIERA DEJADO UN 30% DE GANANCIA

ENTONCES YO LE DIJE QUE MI INSTRUCCIÓN Y MI CULTURA, CON EL TIEMPO, SERÍAN TAMBIÉN UN CAPITAL
¡MUY BIEN! ¿Y QUÉ TE CONTESTÓ?

QUE SÍ..., SI NO FUERA POR LA CARA DE DÉFICIT QUE TENGO
©QUINO

¡QUÉ ALEGRÍA ES QUE MAFALDA COMIENCE A IR A LA ESCUELA!
316

¡CIERTO, ES MARAVILLOSO: TENEMOS UNA HIJA QUE YA VA A LA ESCUELA!

©QUINO

¡TENEMOS UNA HIJA QUE YA VA A LA ESCUELA!

¡DIOS MÍO!..¿QUÉ SUCEDE?
!
NADA...
317

© QUINO
....QUE NO VAYAMOS A LLEGAR TARDE EL PRIMER DÍA DE ESCUELA

318
... Y A VOSOTROS, LOS MÁS PEQUEÑUELOS, QUE POR VEZ PRIMERA ACUDÍS A ESTE TEMPLO DEL SABER, OS ASEGURO QUE AQUÍ HALLARÉIS UN SEGUNDO HOGAR...

... EN EL QUE CADA MAESTRA OS BRINDARÁ AQUELLO QUE TODA MADRE OFRECE A SUS HIJOS: AMOR.
© QUINO

¡MENOS MAL; CREÍ QUE IBA A DECIR SOPA!

¡ESTOY TAN CONTENTO CON MI MAESTRA!... ES UNA MUJER BONDADOSA, SIMPÁTICA... ¡QUÉ SÉ YO!... ¡ES EXTRAORDINARIA!
320

ES UNA SUERTE QUE TE HAYA TOCADO UNA MAESTRA ASÍ, PORQUE A LA MAESTRA UNO TIENE QUE VERLA TODOS LOS DÍAS...

... Y TODAS LAS SEMANAS..., ¡Y TODOS LOS MESES DE TODO UN LARGO AÑO!

¡QUÉ VIEJA INSOPORTABLE!
© QUINO

1171
322

1171

1171

©QUINO
1171

MAÑANA CUMPLO YA SEIS AÑOS. ¡CÓMO PASA EL TIEMPO!
©QUINO
323

RETROCEDO UN POCO EN MÍ PASADO Y AHÍ ESTÁN MIS CINCO AÑOS; Y OTRO POCO MÁS ALLÁ, MIS CUATRO AÑOS...

...Y LUEGO MIS TRES AÑOS... Y MIS DOS AÑOS... Y MI UN AÑO..... Y MÍ.......

?
¿MI, QUÉ?

324
MI MAMÁ ME MIMA
mi mamá me mima
mi mamá me ama
MI MAMÁ ME AMA

LA FELICITO, SEÑORITA; VEO QUE TIENE USTED UNA MAMÁ EXCELENTE

Y AHORA, POR FAVOR, ENSÉÑENOS COSAS REALMENTE IMPORTANTES
©QUINO

¿QUÉ DIFERENCIA HAY ENTRE DECIR "PAPÁ" Y DECIR "PADRE"?
NINGUNA
325

SOLO QUE "PAPÁ" ES MÁS FAMILIAR; Y "PADRE" MÁS RESPETUOSO

©QUINO

¿¡O SEA QUE NUNCA PODRÉ DECIRTE "PADRE"!?

¡MIRÁ, SUSANITA, SI TENÉS ALGO CONMIGO DECÍMELO DIRECTAMENTE Y LISTO!
326

¡¡TE LO DIGO, SÍ SEÑOR!! ¡¡CLARO QUE TE LO DIGO!! ¿SABÉS QUÉ PASA CON VOS?

¡QUE SOS UN BESTIA!

¡JHA!... ¿SUTILEZAS A MÍ?
©QUINO

¡ZAS! ¡AHÍ VIENE SUSANITA! DESDE QUE ANDA PELEADA CON MANOLITO, ESTAR CON ELLOS ES COMO ESTAR EN LA U.N.
328

HOLA, MAFALDA ¿HAS OÍDO HABLAR DEL CORCHOANÁLISIS? ES COMO EL PSICOANÁLISIS, PERO SÓLO PARA **AQUELLOS** QUE TIENEN CEREBRO DE CORCHO. ¿SABÉS? YO CONOZCO A **UNO** QUE DEBERÍA IR AL CORCHOANALISTA

¡VAYA!.. YO CREÍA QUE HOY HABÍA HUELGA DE IDIOTAS, PERO PARECE QUE SALIERON A TRABAJAR

AUNQUE DUDO QUE U-THANT DEBA AGUANTAR LO QUE YO TENGO QUE AGUANTAR
©QUINO

¡ES ABSURDO QUE ESTÉS ENOJADO CON SUSANITA! ELLA TENDRÁ SUS COSAS, PERO ES BUENA AMIGA. Y UNO NO PUEDE ENOJARSE CON BUENOS AMIGOS. Y ADEMÁS....
329

...Y ADEMÁS, ¡CLARO! SI TUVIÉRAMOS A UN JUGADOR COMO PELÉ, NO ANDARÍA ASÍ NUESTRO FÚTBOL. PORQUE CON UN PELÉ NOS COMERÍAMOS CRUDOS AL INTER Y AL REAL MADRID Y AL.....
©QUINO

331
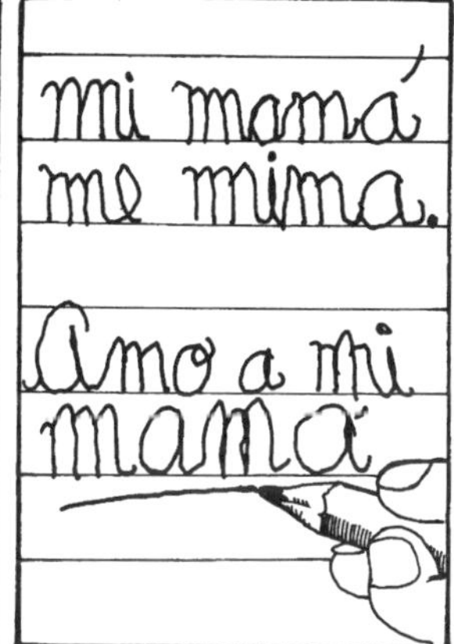
Mi mamá me mima.
Amo a mi mamá

SNIF
SNIF

¡UNA DE DOS, MAMÁ:...

¡O VOS DEJÁS DE HACER SOPA O YO DEJO DE ESCRIBIR HIPOCRESÍAS!
©QUINO

Mi mamá amasa
¿Amasa sola?
332

Sí, amasa sola y sala la masa
La masa se amasa en la mesa
©QUINO

La masa es sana
Sí, esa masa es sana

LO BUENO DE IR A LA ESCUELA ES QUE UNO YA PUEDE CONVERSAR EN UN NIVEL LITERARIO

FEDERACIÓN OBRERA DE LA CONSTRUCCIÓN. BUENAS TARRRDESSS
333

BUENAS TARDES, SEÑOR POR FAVOR ¿ME PODRÍA INFORMAR SI EL GREMIO ESTÁ EN HUELGA?
NO, POR EL MOMENTO NO ESTÁ EN HUELGA

¡CRETINOS!
¡ENTONCES TENDRÉ QUE RESOLVER ESE MALDITO ASUNTO PARA MAÑANA MISMO!
¡CLACK!
©QUINO

"SI UN ALBAÑIL COLOCA 100 LADRILLOS EN 1 HORA, ¿CUÁNTOS LADRILLOS COLOCARÁ EN 2½ HORAS?"
@#*

¡ES INÚTIL! TODAVÍA NO SÉ LEER EL DIARIO
336

LO ÚNICO QUE ME HAN ENSEÑADO HASTA AHORA EN LA ESCUELA ES QUE A FULANITO LO MIMA SU MAMÁ, O QUE MENGANITA ASEA SU MOÑO

¡Y YO QUIERO SABER QUÉ PASA CON JOHNSON, O CON FIDEL CASTRO!

PERO PARECE QUE NI A JOHNSON LO MIMA SU MAMÁ, NI FIDEL CASTRO ASEA SU MOÑO
©QUINO

pa
pe
pi
po
pu
A VER, MANOLITO; UNA PALABRA QUE EMPIECE CON "P"
339
©QUINO

¡ZÁS!... ÉSTE ES CAPAZ DE DECIR ESA MALA PALABRA

"POLÍTICA"

¡Y LA DIJO, NOMÁS!

¡LA TRACCIÓN TRASERA ES MEJOR QUE LA TRACCIÓN DELANTERA!
¡PERO NO TENÉS MARCHA ATRÁS!
340

¡Y ADEMÁS EL MÍO GASTA MENOS COMBUSTIBLE; YO CON UNA TAZA DE CAFÉ CON LECHE TENGO PARA ANDAR TODA LA MAÑANA ENTERA!

¡EN CAMBIO VOS, CON ESA CATRAMINA, A MEDIA MAÑANA: ¡ZÁS, UN SÁNDWICH!
¿NO?

¡BUENO, BASTA! ¡ESTAS COSAS DE MECÁNICA NO ME GUSTA DISCUTIRLAS CON MUJERES!
©QUINO

Señorita Mafalda (punto) De mi mayor estima (dos puntos) En vista y considerando.......
343

...que la sopa es (coma) tal cual sabemos (coma) una porquería (coma) vería con sumo agrado que no la tomáramos (punto) Sin otro particular..
¡MAFALDA, TOMÁ ESA SOPA DE UNA BUENA VEZ!

¡YA TUVISTE QUE INTERRUMPIR EL DICTADO DE MI CONCIENCIA!...
©QUINO

ME HE ENTERADO DE QUE MÁS DE LA MITAD DE LA POBLACIÓN MUNDIAL SOMOS NIÑOS
¿Y ESO DE QUÉ NOS SIRVE?
344

AHORA, DE NADA; PERO DENTRO DE TREINTA AÑOS VAMOS A SER **NOSOTROS** LOS QUE HAREMOS COSAS Y OCUPAREMOS CARGOS Y EL MUNDO VA A ESTAR EN MANOS DE **NOSOTROS** LOS NIÑOS

¡PERO HOMBRE! ¡DENTRO DE TREINTA AÑOS YA NO VAMOS A SER NIÑOS!

¡VOS SIEMPRE TRATANDO DE AMARGARLE LA VIDA A UNO!
©QUINO

HOLA, SUSANITA. ¿HICISTE LOS DEBERES QUE NOS PIDIÓ LA MAESTRA PARA MAÑANA?
348

NO, PORQUE DESGRACIADAMENTE EN ESTE PAÍS LA GENTE NO QUIERE TRABAJAR, MAFALDA

LA GENTE NO QUIERE HACER NADA; LA GENTE ES ASÍ. ¿TE DAS CUENTA DE CUÁL ES MI DRAMA?
NO. ¿CUÁL ES?

QUE YO SOY MUY GENTE
©QUINO

351

¿QUÉ DICE AQUÍ, MANOLITO?
no sé
"NO SÉ"

¿NO? BUENO, NO ME EXTRAÑA; SIEMPRE PENSÉ QUE ERAS UN POQUITO BESTIA

©QUINO

¡HOLA!
¡SHHH!... EN VOZ BAJA, QUE TENGO UN ENFERMO EN CASA
353

¿ESTÁ ENFERMO TU PAPÁ?
NO

¿TU MAMÁ, ENTONCES?
TAMPOCO

©QUINO

VAMOS A ESCUCHAR EL NOTICIOSO, A VER CÓMO SIGUE EL ENFERMO
354

EL ENFERMO SIGUE MAL

SANA, SANA, COLITA DE RANA, SI NO SANA HOY, SANARÁ MAÑANA
©QUINO

ADIÓS, MAFALDA, QUE SE MEJORE EL MUNDO
GRACIAS
357

¡EL MUNDO ENFERMO! ¡ESTA MAFALDA TIENE CADA OCURRENCIAS!..
JA-JA JA

J...

¿CÓMO?
¿EL MUNDO ESTÁ QUÉ?
©QUINO

¿HAS PENSADO EN LO QUE OCURRIRÍA SI NO EXISTIERA LA DISTANCIA, FELIPE?
362
¿SI NO EXISTIERA LA DISTANCIA? NO. ¿QUÉ OCURRIRÍA?

QUE TODO ESTARÍA AQUÍ ¿TE DAS CUENTA DE LO QUE SERÍA QUE TODO ESTUVIERA AQUÍ?

EL KREMLIN
EL LLANERO SOLITARIO
LOS BEATLES
ÁFRICA
CUBA
TODO AQUÍ
EL MURO DE BERLÍN
DISNEYLANDIA
VIETNAM
Jerry Lewis
PELÉ
EL KU-KLUX-KLAN

¿TE DAS REALMENTE CUENTA, FELIP.....

SÍ, SE DA REALMENTE CUENTA
©QUINO

NO PUEDO TOMAR LA SOPA, PORQUE SOY UNA VIEJITA DE PULSO TEMBLEQUE Y SE ME CAE TODA, ¿VES?
363

ESTÁ BIEN; VENGA LA CUCHARA. YO TE DOY LA SOPA

¿Y? ¿QUÉ PASA?

PASA QUE SOY VIEJITA, PERO NO ESTÚPIDA
©QUINO

¿TE HAS PREGUNTADO ALGUNA VEZ PARA QUÉ ESTAMOS EN ESTE MUNDO, FELIPE?
364

NO; NO ME LO HE PREGUNTADO NUNCA, PERO ME LO PREGUNTO AHORA MISMO: ¿PARA QUÉ ESTAMOS EN ESTE MUNDO?

Y ME CONTESTO TAMBIÉN AHORA MISMO: ¡QUÉ SÉ YO PARA QUÉ DIABLOS ESTAMOS EN ESTE MUNDO!
©QUINO

ESTE TIPO DE PROBLEMAS, CUANTO ANTES SE LOS SAQUE UNO DE ENCIMA, MEJOR

MILLONES Y MILLONES DE PERSONAS VIVIMOS EN EL MUNDO Y ALFIN DE CUENTAS, ¿PARA QUÉ?
365

¿PARA QUÉ ESTAMOS TODOS EN ESTE MUNDO, DIGO YO?

AHORA VOY ALGO APURADO, PERO SI QUERÉS PUEDO AVERIGUÁRTELO PARA MAÑANA
©QUINO

MAMÁ, ¿PARA QUÉ ESTAMOS TODOS EN ESTE MUNDO?
366

PARA TRABAJAR, PARA AMARNOS, PARA HACER DE ESTE UN MUNDO MEJOR

¡PICARONA! ¡SOS BUENA HUMORISTA Y NUNCA ME LO HABÍAS DICHO!...
© QUINO

"NUEVAMENTE SE HALLA REUNIDA EN GINEBRA LA COMISIÓN QUE TRATA DE LOGRAR UN ACUERDO SOBRE DESARME NUCLEAR"
369

¿GINEBRA ES LA CAPITAL DE SUIZA?

NO. ES LA CAPITAL DEL FRACASO
© QUINO

¡BANG!
¡LA PUCHA!
371

¡¡"LA PUCHA" ¡NO! ¡TENÉS QUE DECIR "¡AAUUGH!" COMO EN LAS HISTORIETAS DE COW-BOYS.!!

¿DÓNDE HAS VISTO QUE UN COW-BOY DIGA "¡LA PUCHA!" CUANDO LE PEGAN UN TIRO?!

¿POR QUÉ NO TE VAS UN POCO AL CUERNO CON TUS MUERTES EXTRANJERIZANTES, FELIPE?
© QUINO

TENGO QUE IRME A HACER LOS DEBERES
YO, A LLEVAR UN PEDIDO DEL ALMACÉN
Y YO, A VER MÍ PROGRAMA DE T.V.
373

ESTÁ VISTO QUE SÓLO TENEMOS TIEMPO DE JUGAR A LA GUERRA NUCLEAR, ¿NO?
SÍ

¡BOOOM!

ESTA VIDA MODERNA EXIGE JUEGOS CADA VEZ MÁS BREVES
©QUINO

"¡Mal!"... ¡OTRA VEZ LA MAESTRA ME PUSO: "Mal"!
©QUINO
376

¿PARA ESO VIENE UNO TODOS LOS DÍAS A LA ESCUELA?

¡PORQUE SI UNO VINIERA DE VEZ EN CUANDO, VAYA Y PASE!..

¡PERO HACERLE ESTO A UN CLIENTE!..

♪CHA-CHAÁÁNN ♪ CHA-CHAÁÁÁÁNN... ♫ AQUÍ VIENE NADA MENOS QUE...
379

¡EL LLANERO SOLTERÓN!

¡SOLITARIO!

VIENE A SER LO MISMO, FELIPE; EN EL FONDO, TODO SOLTERÓN ES UN SOLITARIO

HAY GENTE CAPAZ DE ESTROPEARLE LA FANTASÍA AL MÁS PINTADO
©QUINO

a los chinos, por la tinta

QUINO

SE HABLA MUCHO DE DEPOSITAR CONFIANZA, PERO NADIE DICE QUÉ INTERÉS TE PAGAN

PAPÁ, ¿EN ESTE MUNDO SOMOS TODOS IGUALES?

SÍ, MAFALDA, SOMOS TODOS IGUALES. PERO ¿POR QUÉ NO TE DORMÍS, EN VEZ DE ANDAR PREOCUPÁNDOTE POR ESAS COSAS?

SÍ NO ME PREOCUPO; SOLO PREGUNTABA, NOMÁS
BUENO, HASTA MAÑANA
© QUINO

¡PST!..... ¿IGUALES A QUIÉN?

Y EL QUE NO HAYA ENTENDIDO, QUE LEVANTE LA MANO
384

VEAMOS, MANOLITO, ¿QUÉ ES LO QUE NO HAS ENTENDIDO?

DESDE MARZO HASTA AHORA, ¡NADA!
©QUINO

¿POR QUÉ DEMONIOS LOS ADULTOS SE LA PASAN HACIENDO Y DICIENDO COSAS QUE UNO NO ENTIENDE?
ES MUY SENCILLO, SUSANITA
385

CUANDO LLEGÁS AL CINE Y RESULTA QUE YA ESTÁN DANDO LA PELÍCULA, ¿LA ENTENDÉS?
NO

BUENO, CON LOS ADULTOS OCURRE LO MISMO ¿CÓMO VAMOS A ENTENDERLOS?

¡SI CUANDO NOSOTROS LLEGAMOS, ELLOS YA ESTABAN TODOS EMPEZADOS!
©QUINO

392

FIJADOR

HOY TE NOTO ALGO CAMBIADO, MANOLITO ¿QUÉ TIENE TU PELO?

AUTODETERMINACIÓN

¡HOP-DÓ-TRIÉE CUATRO!.... ¡HOP-DÓ-TRIÉE CUATRO!...
395

¡AAAAL-TÓ!
¡TRAC!

DESCANSEN, ¡ARRRRR!
POC!

BASURA, ¡ARRRRRR!
¡CLANK!

¡TEEEERRRR-MINADO!

¡QUÉ GINEBRA NI GINEBRA!... ¡ASÍ HABRÍA QUE LOGRAR EL DESARME!

¡TENGO UN CUENTO GRACIOSÍSIMO!.... ¿QUIEREN OÍRLO?
POR SUPUESTO
399

BIEN, PERO ANTES, UNAS PALABRAS EN NOMBRE DE LA FIRMA ANUNCIADORA

ES UN PLACER PARA ALMACÉN "DON MANOLO" AUSPICIAR ESTE CUENTO QUE.....

....

¡NO ENTIENDO! ¿O SERÁ QUE PARA ESTO DE LA PUBLICIDAD ME FALTA "ÁNGEL"?

401
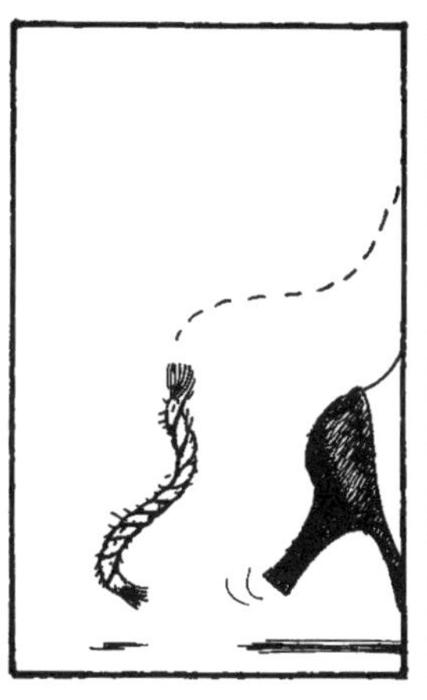

¡NO SE DEJA ASÍ TIRADA POR AHÍ LA BUFANDA!
©QUINO

NO FUNCIONA
405

NO FUNCIONA

BAR
TELÉFONO PÚBLICO
NO FUNCIONA

CREÍ QUE IBA A COLGÁRSELO A LA HUMANIDAD
©QUINO

406

¡BANG!

¡PAPÁ! ¡ME SALVASTE DEL MONSTRUO!

FIN
©QUINO

CARAMELOS, BOMBONES, CHOCOLATINES, PASTILLAS...

"AL QUE MADRUGA, DIOS LO AYUDA"
407

©QUINO

¡PAVADA DE AYUDANTE VAMOS A TENER MAÑANA!

413

?
©QUINO

¿A QUE YA SE HA CORRIDO LA VOZ DE QUE NO ME GUSTAN LOS BEATLES?...

¡LOS BEATLES!... ¿CÓMO PUEDEN GUSTARLE A LA GENTE UNOS INFRADOTADOS DÁNDOLE TODO EL TIEMPO A LA GUITARRITA?
415

¡YEAH! ¡YEAH!

¡QUÉ ASCO, DE GENERACIÓN!
©QUINO

.....desmejorando hacia el mediodía, con probabilidades de sopa.

©QUINO

ME PREOCUPA MI MAMÁ
DICE QUE ESTÁ CANSADA DE FREGAR TODO EL DÍA EN LA CASA.
428

PERDÓN, MIGUELITO, ¿NO DIRÁ: "TODO EL SANTO DÍA"?

SÍ; ES VERDAD; DICE: "TODO EL SANTO DÍA" ¿CÓMO SABÉS?

BUENO, TENGO CIERTOS CONOCIMIENTOS SOBRE FOLKLORE MATERNO
©QUINO

NO DEBÉS AMARGARTE POR LAS PROTESTAS DOMÉSTICAS DE TU MAMÁ, MIGUELITO. TODAS LAS MADRES SE LA PASAN DICIENDO SIEMPRE LO MISMO....
429

"¡AL FINAL UNA SE CASÓ PARA HACER DE SIRVIENTA! ¡PARA ESO SE CASÓ UNA!"

"¡PERO YA VERÁN!... ¡EL DÍA MENOS PENSADO ME CANSO Y NO SÉ QUÉ ES LO QUE HAGO! ¿EHÉ? ¡NO LO SÉ!"

SI ALGUIEN HUBIERA REGISTRADO TODO ESO, GANARÍA MILLONES POR DERECHOS DE AUTOR
©QUINO

CUANDO UNO SE MUERE, ¿ADÓNDE IRÁ?
436

MI MAMÁ ME DIJO QUE AL CIELO

¿TE CONTÓ DETALLES DEL LANZAMIENTO?
©QUINO

VOS ME DIJISTE QUE CUANDO UNO SE MUERE SE VA AL CIELO, ¿NO?
SÍ, ¿POR?
438

PORQUE HAY ALGO QUE NO ENTIENDO; POR EJEMPLO: ¿CÓMO HACEN LOS GORDOS PARA TOMAR SEMEJANTE ENVIÓN?

¡PERO NO, MIGUELITO!... EL ASUNTO ES ASÍ: AL CIELO SUBE NADA MÁS QUE EL ALMA; EL CUERPO LO DEJAMOS AQUÍ.
© QUINO

¡CÓMO!... ¡¿O SEA QUE EL ENVASE HAY QUE DEVOLVERLO?!

441

© QUINO

"BIENVENIDO"
¡QUÉ LINDO FELPUDO, MIGUELITO!
YO LO ODIO
445

¿LO ODIÁS?
¿POR QUÉ?

¿LLEGASTE, MIGUELITO? ¡A QUE YA ESTÁS CAMINANDO SIN PATINES!... ¿NO? ¡CLARO!... ¡TOTAL, LA QUE SE DESLOMA TODO EL SANTO DÍA ENCERANDO LOS PISOS SOY YO: ¡LA ESTÚPIDA!

¡PORQUE ES EL FELPUDO MÁS HIPÓCRITA QUE VI EN MI VIDA!
© QUINO

¡NO SÉ PARA QUÉ CUERNOS VENGO A LA PELUQUERÍA!

¡NO SÉ PARA QUÉ RECUERNOS VOY A LA PELUQUERÍA!
©QUINO

?
VEO MUCHAS REVISTAS DE FOTONOVELAS,...

...Y VEO BAILES EN UN CLUB DE BARRIO Y LUEGO UN CASAMIENTO,..

...Y DESPUÉS VEO FREGAR Y FREGAR EN LA CASA HASTA SER UNA VIEJITA
©QUINO

¡PENSAR QUE ESO ES TODO LO QUE VEN LAS MUJERES QUE MIRAN LA VIDA A TRAVÉS DE UN RULERO!..

DECIME, FELIPE, ¿VOS CREÉS REALMENTE QUE LA TV NOS ATROFIA LA IMAGINACIÓN A LOS CHICOS?

BUENO, NO SÉ; NUNCA HE PENSADO EN EL ASUNTO
©QUINO

¿Y SI FUERA CIERTO QUE LA TV NOS ATROFIA LA IMAGINACIÓN A LOS CHICOS?
¿EÉH?
456

¿EEH? ¿Y SI FUERA CIERTO?
© QUINO

!
PUPI
457
458

¡ACABO DE DESCUBRIR QUE EN EL ESPEJO LAS COSAS SE VEN AL REVÉS! ¡ES TERRIBLE!
¿POR QUÉ ES TERRIBLE?

PORQUE ESO QUIERE DECIR QUE CUANDO UNO SE MIRA AL ESPEJO,... ¡SE VE AL REVÉS DE COMO REALMENTE ES!

¡VAMOS, MIGUELITO!... ¡PARA ESO NO HACE FALTA MIRARSE AL ESPEJO!
© QUINO

MIGUELITO TIENE RAZÓN: EN EL ESPEJO LAS COSAS SE VEN AL REVÉS

LA DERECHA VIENE A SER LA IZQUIERDA...

...Y LA IZQUIERDA VIENE A SER LA DERECHA

¡QUÉ CONTUBERNIO!
© QUINO

459

¡¿DE DÓNDE CUERNOS SACASTE ESO DE QUE EN EL ESPEJO UNO SE VE AL REVÉS DE COMO ES?!

¡TRAJE A MAFALDA PARA JUGAR AQUÍ, MAMÁ!
467

¡LOS PATIIIIIINES!.. ¡A QUE ESTÁN CAMINANDO SIN PATINES Y ESTROPEANDO EL PARQUET!..

¡NO JUEGUEN NI EN EL LIVING NI EN EL COMEDOR, ¿EH?
¡AH! Y OTRA COSA.......

¡NO DEJEN LUEGO TODOS LOS JUGUETES TIRADOS POR AHÍ! ¡GUÁRDENLOS! ¡YA LO SABEN!

MI ÚNICA ESPERANZA ES QUE EN EL SERVICIO MILITAR ME COMPUTEN TODO ESTO Y ME LARGUEN ENSEGUIDA

"La Bondad es algo natural en el hombre"
468

¿Y LA MALDAD? ¿NO ES TAMBIÉN NATURAL?

NO. DEBE DE SER DE ALGUNA DE ESAS FIBRAS ARTIFICIALES QUE ESTÁN TAN DE MODA EN TODO EL MUNDO

©QUINO
469

¡ATCHIÍÍSS!

¡RESFRIARME!... ¡ESO ES LO ÚNICO QUE ME FALTA!...

... ADEMÁS DE INTELIGENCIA, GRACIA, SENSIBILIDAD, INGENIO, TACTO, ELEGANCIA, HABILIDAD, FINEZA, BUEN GUSTO, SENSATEZ, IMAGINACIÓN, CULTURA, ETCÉTERA

MIRÁ, ESTO ES EL MUNDO, ¿VES?
480

¿SABÉS POR QUÉ ES LINDO ESTE MUNDO? ¿EHEÉ?

PORQUE ES UNA MAQUETA
¡EL ORIGINAL ES UN DESASTRE!
©QUINO

VOY AL MERCADO Y VUELVO, ¡NO LE ABRAS LA PUERTA A NADIE, POR MÁS QUE LLAME, ¿EH?
BUENO
481

©QUINO

¡MAMÁ!..

¿Y SI ES LA FELICIDAD?

LO QUE NOS HACE FALTA EN ESTE ALMACÉN ES UNA INVESTIGACIÓN DE MERCADO
483

YA MISMO VOY A PREGUNTAR A LA GENTE POR LA CALLE: "¿COMPRA UD. EN ALMACÉN DON MANOLO, SÍ O NO?"

A LOS QUE CONTESTEN SÍ, LOS ANOTO EN ESTA COLUMNA; Y A LOS QUE CONTESTEN NO.....
©QUINO

484

¿QUÉ HACÉS AHÍ SENTADO, MIGUELITO?

PUES AQUÍ ESTOY, ESPERANDO ALGO DE LA VIDA
©QUINO

¡BANG!
¡BANG!
¡BANG!
¡BANG!
488

¡BANG!
¡BANG!

¡PÚM!

¡NO, NO Y NO! ¡PUM NO SE USA MÁS! ¿QUIÉN ES EL OBSOLETO QUE DIJO PUM?

©QUINO

LO MALO DE LA GRAN FAMILIA HUMANA ES QUE TODOS QUIEREN SER EL PADRE

¡OH, CUÁN FLORECIENTE ÉPOCA VIVIMOS!

?
490

CREMA de Belleza

© QUINO

¿Y?

CUANDO SEA GRANDE VOY A TRABAJAR DE INTÉRPRETE EN LA U.N.
491

Y CUANDO UN DELEGADO LE DIGA A OTRO: "¡SU PAÍS ES UN ASCO!", YO VOY A TRADUCIR: "SU PAÍS ES UN ENCANTO" Y...¡CLARO!, NADIE PODRÁ PELEARSE
© QUINO

¡Y SE ACABARÁN LOS LÍOS Y LAS GUERRAS Y EL MUNDO ESTARÁ A SALVO!

ESO SÍ; VOS PROMETEME QUE VAS A DURAR HASTA QUE YO SEA GRANDE, ¿EHÉ?

A MÍ LO QUE ME ENFERMA ES QUE UNO NACE, ¿Y QUÉ ES? ¡HIJO!... ¡UNO TIENE CINCO AÑOS ¿Y QUÉ ES? ¡HIJO!
492

¡UNO TIENE OCHO, DOCE, QUINCE, DIECINUEVE AÑOS, ¿Y QUÉ ES? ¡HIJO! ¡¡HIJO!! ¡SIEMPRE HIJO!!

¡RECIÉN COMO A LOS VEINTE AÑOS PARECE QUE UNO PUEDE LLEGAR A SER ¿QUÉ? ¡PADRE!

¿EN QUÉ ESCALAFÓN SE HA VISTO QUE UNO TENGA QUE TRAGARSE VEINTE AÑOS PARA ASCENDER AL GRADO INMEDIATO SUPERIOR?!
© QUINO

493

INDUDABLEMENTE, LA PRIMAVERA ES LO MÁS PUBLICITARIO QUE TIENE LA VIDA
©QUINO

HE OÍDO DECIR POR AHÍ QUE LA PRIMAVERA ES LA ESTACIÓN DEL AMOR ¿VOS CREÉS QUE REALMENTE ES ASÍ?
496

SÍ, YO CREO QUE LA PRIMAVERA ES LA ESTACIÓN DEL AMOR

¿VALE DECIR QUE TENDREMOS QUE ARCHIVAR NUESTROS ODIOS HASTA EL VERANO?
©QUINO

¿QUÉ PLANES TENÉS PARA ESTA PRIMAVERA, MIGUELITO?
504

VIVIR

TAN CHIQUITO,... ¡Y YA TAN ORGANIZADO!...
©QUINO

VOY A DIVERTIRME UN RATO ASUSTANDO A MAFALDA CON ESTA ARAÑA DE GOMA
507

¿SABÉS QUÉ TENGO PARA VOS?

BUENO, NUNCA HABÍA QUERIDO DECÍRTELO, PERO PARA MÍ TENÉS LOS DIENTES MUY SALIDOS Y LA CARA DEMASIADO LARGA Y POCO CARÁCTER...

©QUINO

"...QUIEN APLICÓ UN RECIO GOLPE DE PUÑO AL GUARDAVALLA, ANTE LA IMPASIBILIDAD DEL ÁRBITRO, QUE NO SANCIONÓ EL FOUL...."
509

¿CÓMO ALGUIEN PUEDE QUEDARSE IMPASIBLE ANTE UNA COSA ASÍ?, ¡ES INDIGNANTE!

"ES CADA VEZ MAYOR EL NÚMERO DE NIÑOS ABANDONADOS Y DESNUTRIDOS"

ES BUENO VER QUE TE PREOCUPA ALGO TAN IMPORTANTE, PAPÁ ¡TODO EL MUNDO DEBIERA SER COMO VOS!

©QUINO

TENGO UN DIENTE FLOJO, ¿VES? CUANDO SE ME CAIGA, LO PONDRÉ BAJO LA ALMOHADA Y LOS RATONES ME DEJARÁN UNA MONEDA
513

¿UNA MONEDA? ¿EN SERIO? ¿Y CUÁNTO TARDARÁ EN CAERSE EL DIENTE?
Y..., NO SÉ; UNOS DÍAS

¿DÍAS? ¡HOMBRE!... ¡CUANTO ANTES LO BAJEMOS, MENOS DEVALUADA ESTARÁ ESA MONEDA!

¡ES INÚTIL!... LOS COBARDES NUNCA HARÁN BUENOS NEGOCIOS
©QUINO

EXPLICAME CÓMO ES ESO DE LOS DIENTES DE LECHE, MAMÁ; ¿A UNO SE LE CAEN TODOS DE GOLPE?
¿POM?
515

NO, MAFALDA; PRIMERO SE TE CAE UNO......

VARIOS DÍAS DESPUÉS, OTRO...

UN TIEMPO MÁS ADELANTE, OTRO....

¡DIOS MÍO!...¿SABRÉ SOBRELLEVAR ESE LENTO STRIP-TEASE DE MIS ENCÍAS?
©QUINO

¿QUIÉN HAY AQUÍ EN ESTA NIEBLA?
YO, QUE ME ESTOY BAÑANDO
523

¿QUIÉN ES "YO"? ¡AH!... ¿SOS VOS, MAMÁ?
¡CLARO!..¿A QUIÉN ESPERABAS ENCONTRAR ACÁ, SI NO?
©QUINO

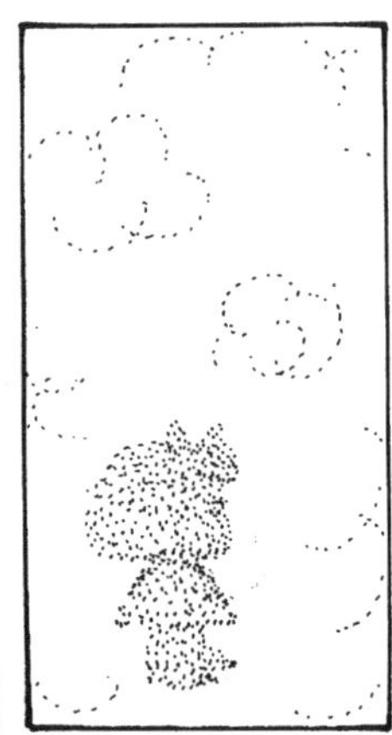

A SCOTLAND YARD

...Y PESE A LAS BURLAS Y A LA INCOMPRENSIÓN DE TODOS, COLÓN SEGUÍA AFIRMANDO QUE LA TIERRA ERA REDONDA
REDONDA...¡QUÉ BRUTO!
524
©QUINO

HABRÍA QUE EMPEZAR DE NUEVO, A VER SI SALE MEJOR
DE ACUERDO
533

¿A QUÉ SE JUEGA?

¡A NADA, HOMBRE!... HABLÁBAMOS DE LA HUMANIDAD
©QUINO

534

?
¡PAF!

PODRÍAN DECIRSE MUCHAS SUTILEZAS, PERO HOY NO TENGO GANAS
©QUINO

535
BUEN DÍA, MAMÁ. ¿NO SABÉS SI PROSCRIBIERON YA LAS ARMAS NUCLEARES?

NO SÉ, MAFALDA, PERO CREO QUE NO. ¿POR QUÉ?

BUENO, POR NADA EN ESPECIAL

SOLO QUE SERÍA LINDO LEVANTARSE UN DÍA Y ENCONTRARSE CON QUE POR FIN LA VIDA DE UNO DEPENDE DE UNO
©QUINO

LOS DIARIOS ESTÁN LLENOS DE MALAS NOTICIAS Y NADIE LOS DEVUELVE POR ESO;...
538

LA VIDA ESTÁ LLENA DE COSAS MALAS Y TODOS LA ACEPTAN

Y USTED PRETENDE DEVOLVER UN SIMPLE SALAMÍN PORQUE ESTÁ MALO EL RELLENO ¡VAMOS, SEÑORA!...
©QUINO

¡TIC!
539

"...SU DESAPARICIÓN PRIVA A LA PANTALLA DE UNA DE SUS MÁS GRANDES FIGURAS..."
¿QUIÉN?

"...CUYO ARTE INIGUALABLE NO OLVIDAREMOS JAMÁS"
¿PERO QUIÉN? ¿QUIÉN?

Y POR HOY, AMIGOS, NADA MÁS. SERÁ HASTA MAÑANA
¡Y NO DIJO!
¡DIOS MÍO!..

¡QUE NO HAYA MUERTO EL PÁJARO LOCO!
©QUINO

I'M LOOKING THROUGH YOU, WHERE DID YOU GO...
¡LOS BEATLES!
546

¿CÓMO PUEDEN GUSTARTE, SI NO ENTENDÉS LO QUE DICEN?
¿Y?

A MEDIO MUNDO LE GUSTAN LOS PERROS; Y HASTA EL DÍA DE HOY NADIE SABE QUÉ QUIERE DECIR *GUAU*
©QUINO

RRRRRRRRR
548

¿PODÉS
RRRRRR

RRRRRR

NO SÉ SI ELEGÍ UN MAL MOMENTO, O UN MAL SIGLO PARA TRATAR DE COMUNICARME CON MI MAMÁ
RRR
©QUINO

VEAMOS ESTE NUEVO LIBRO DE CUENTOS
553

En un lejano país vivía un ogro que se comía a los niños

¡Y DALE!...
¡SIEMPRE NOS COMEN!
©QUINO

¿HASTA CUÁNDO VAMOS A SER LOS POLLOS DE LA LITERATURA?

¿QUÉ ES ESE RECORTE DE DIARIO, MANOLITO?
556

LA COTIZACIÓN DEL MERCADO DE VALORES

¿DE VALORES MORALES? ¿ESPIRITUALES? ¿ARTÍSTICOS? ¿HUMANOS?

NO, NO; DE LOS QUE SIRVEN
©QUINO

560
?

¿QUIÉN ES ESTA NENA, MAMÁ?
YO

©QUINO

¡¿POR QUÉ ME HAS OCULTADO QUE FUISTE MI HERMANA?!

BUEN DÍA, ¿SE HAN ABOLIDO YA LAS INJUSTICIAS TERRESTRES?
561

AH, ¿NO?

©QUINO

DESPIÉRTENME PARA EL ALMUERZO, ENTONCES

¡AJHAJHÁÁ!.. ¡ALTO AHÍ! ¡SOY EL LLANERO SOLITARIO!
564

¿EL LLANERO SOLITARIO? ¡MUCHO GUSTO! MI NOMBRE ES ROCKEFELLER, A SUS ÓRDENES

SIEMPRE HAY UN SARCÁSTICO MATERIALISTA DISPUESTO A ESTRO-PEARNOS LA FANTASÍA
©QUINO

MAFALDA,¿PODRÍAS FIJARTE SI UN DIARIO QUE HAY POR AHÍ ES VIEJO O ES EL DE HOY?
567

27 de Noviembre
"RECHAZÓ LA URSS UNA PROPUESTA NORTEMERICANA"

LAS DOS COSAS, PAPÁ
©QUINO

...TENEMOS ENTONCES QUE LA TIERRA PRESENTA LA FORMA DE UN ¿QUÉ?
DE UN...ÉSTE... ¡AH!, DE UN ESFEROIDE
568

¡UN ESFEROIDE!¡CORRECTO! AHORA BIEN, NUESTRO PLANETA TIENE TAMBIÉN UN LIGERO ACHATAMIENTO EN ¿DÓNDE?

¿EN EL ÁNIMO?
©QUINO

572
¡BUENO,..¿QUIÉN FUE EL GRACIOSO?!
LOS BEATLES
©QUINO

MIRE UD., DON COSME, QUÉ NIÑITA ALEGRE Y FELIZ
¡EH!... ¡TAMBIÉN!... TIENE TODA LA VIDA POR DELANTE
573

¿Y POR LOS COSTADOS, QUÉ?
©QUINO

ESTOY SOLO Y ABURRIDO, ¿PODÉS VENIR A MI CASA?
581

LO SIENTO, MIGUELITO, VOY A SALIR CON MI MAMÁ, PERO ¿NO TENÉS ALGÚN LIBRO? UN LIBRO ES UN BUEN AMIGO

©QUINO

BUENO, ¿A QUÉ QUERÉS QUE JUGUEMOS?

582

QUE LLUEVA, QUE LLUEVA, LA VIEJA ESTÁ EN LA CUEVA!!...

©QUINO

¿QUIÉN IBA A IMAGINARSE ESTA DERIVACIÓN SOCIAL?

584
"VEO-VEO"
¿QUÉ VES?
UNA COSA
¿DE QUÉ COLOR?

NEGRO

¿EL FUTURO?
©QUINO

603
BUENO, ¿Y QUÉ LES PEDISTE A LOS REYES, MAFALDA?

LA PROSCRIPCIÓN DE LAS ARMAS ATÓMICAS, O ALGO ASÍ; ¡SEGURO!... ¡ÉSTA ANDA SIEMPRE CON ESAS ESTUPIDECES!

UN LIBRO DE CUENTOS, UNA MUÑECA Y UN JUEGO DE ARMAR CASITAS, FELIPE
©QUINO

¿QUÉ HAY, SUSANITA? ¿POR QUÉ CORRÉS?
INTUICIÓN FEMENINA

606

Y A CONTINUACIÓN PRESENTAMOS NUESTRO INFORMATIVO, CON NOTICIAS NACIONALES E...

... INTERNACIONALES DE LAS AGEN

HOY QUIERO VIVIR SIN DARME CUENTA
©QUINO

TODO HA CAMBIADO Y EL MUNDO ES HERMOSO
628

¿QUÉ HA OCURRIDO, SUSANITA? ¿NO MÁS INFLACIÓN? ¿PROSCRIPCIÓN DE ARMAS ATÓMICAS? ¿COMIDA EN LA INDIA? ¿DIJERON ALGO LOS NOTICIOSOS?

¿LOS NOTICIOSOS?

NO, NO CREO QUE ASSOCIATED PRESS, REUTER O ANSA SEPAN TODAVÍA LO DE MIS ZAPATOS NUEVOS
©QUINO

¿TENDRÍAS UN PAPELITO PARA DARME, MAFALDA?
CREO QUE SÍ, MIGUELITO
625

AQUÍ TENÉS. SON LOS ÚNICOS QUE TENGO, ¿TE SIRVE ALGUNO?
AH,...... NO, DE ÉSTOS NO

YO QUERÍA DE LOS OTROS. DE LOS QUE SIRVEN PARA COMPRAR COSAS
¡PERO ESO ES PLATA Y NO "UN PAPELITO"!

¡BUENO, COMO SE LLAME!

¿CÓMO HARÁ PARA VIVIR SIN CONTAMINARSE?
©QUINO

626
FIN

TIC

¡¿PERO CÓMO ES POSIBLE QUE NO LE HAYAN DADO TODAVÍA EL OSCAR AL PÁJARO LOCO?!
©QUINO

. a mis 2 hermanos 2
. a mi tío Joaquín

QUINO

Y DIGO YO, ¿AL HOMBRE DE TU PRÓJIMA SE LE PUEDE DESEAR?

634

¡TUMP!

¡ZÁS!... ¡CÓMO ME PUSE!...

¡TAMBIÉN!...

¡NO SÉ A QUIÉN SE LE OCURRE VIVIR EN UN PLANETA QUE DESTIÑE!
©QUINO

¡QUIÉN DIRÍA!...HACE YA UN MES Y PICO QUE EMPEZÓ EL AÑO Y PARECE QUE FUE AYER
637

¡CÓMO PASA EL TIEMPO, MIGUELITO, CÓMO PASA EL TIEMPO!

BBBZZZZZZZZZZZZZZZZZZ

¡PUCHA!.... ¡NO ALCANCÉ A VER SI ERA UN MOSCARDÓN O UN MINUTO!
©QUINO

VOS, A LOS LAGOS DEL SUR; YO, A LA PLAYA.....¿NO ES MARAVILLOSO ESO DE IRSE POR AHÍ A VERANEAR?
645

PORQUE,.....HAY QUE VER, QUE **NO CUALQUIERA** PUEDE PAGARSE UN VERANEO ¡¡NNO-NNO-NNO.!!

¡AH! ¿Y ESO TE PARECE MARAVILLOSO? ¡PENSALO! ¿ES PARA ALEGRARSE? ¿EHÉ?

©QUINO

¡QUÉ QUERÉS!... ¡YO LO PIENSO...¡¡ Y TE JURO QUE ME AGARRA TODO POR AQUÍ UN STATUS!!!....

¡PERDEMOS EL TREN, MAFALDA! ¿QUÉ HACÉS AHÍ CON ESO?
647

QUERÍA QUE QUEDARA GUARDADO MIENTRAS ESTAMOS DE VACACIONES

¡MAH!... ¡DEJALO ASÍ COMO ESTÁ Y VAMOS, QUE NO LE VA A PASAR NADA!

¡DIOS LO OIGA!
©QUINO

651
¿Y, MAFALDA? ¿QUÉ TE PARECE?
©QUINO

¡¡DIOS MÍO!! ¡ESTO ES TAN HERMOSO QUE LOS HOMBRES SE LAS VAN A VER EN FIGURILLAS PARA ECHARLO A PERDER!

655

¿Y NUNCA SE TE OCURRIÓ CONSULTAR A UN PSICOANALISTA?
©QUINO

¿Y SI EN VEZ DE VOLVER A CASA NOS QUEDÁRAMOS A VIVIR AQUÍ? ¡ES TODO TAN LINDO!...
659

NO PODEMOS, MAFALDA. A PAPÁ SE LE ACABAN LAS VACACIONES Y DEBE VOLVER A LA OFICINA; Y VOS A LA ESCUELA Y YO A OCUPARME DE LA CASA

BUENO, PERO LA IDEA DE MAFALDA, PENSÁNDOLA BIEN..., ¿EHÉÉÉ?

¿EHÉÉ?

©QUINO

GUARDAPOLVOS Y DELANTALES
BIEN, LLEVO ÉSTE
¿ÉSTE?
665

P-PE-PERO.... ¿ÉSTE?

SÍ, MAFALDA, ÉSE. LEVANTÁNDOLE EL DOBLADILLO Y ACORTÁNDOLE LAS MANGAS TE SERVIRÁ TAMBIÉN PARA EL AÑO QUE VIENE

¡ME NIEGO A QUE ME ANDEN COSIENDO Y DESCOSIENDO EL PORVENIR!
©QUINO

CUANDO VOS ERAS CHICO, ¿TE ANGUSTIABAS MUCHO PORQUE EMPEZABAN LAS CLASES?
¿CÓMO SE TE OCURRE?
¿ANGUSTIARME, YO?
667

¡JHÁ! ¿YO ANGUSTIARM
"COMIENZAN EL LUNES LAS CLASES EN TODO EL PAÍS"

TIT-BITS

BUENO..., ¿POR QUÉ NO VAS A JUGAR UN POCO POR AHÍ?
©QUINO

©QUINO
668

?

ESCUELA

670
VIMOS QUE TE TOCÓ UNA MAESTRA JOVEN, FELIPE. ¿QUÉ TAL ES?
¿MMMHH?

¡TU MAESTRA! ¿QUÉ TAL ES TU MAESTRA?

¡MMMMMMMHHH!
©QUINO

¡LO QUE NOS FALTABA! ¡¡QUE ESTE ESTÚPIDO SE PASE AL SECTOR PATRONAL!!

¡SOS UN PAPANATAS, FELIPE!... ¡MIRÁ QUE ENAMORARTE DE TU MAESTRA!... ¡ESA ES DE LAS QUE SON LINDAS POR FUERA!

¡PORQUE LA GENTE SE DIVIDE EN LINDOS POR FUERA...

... ¡Y LINDOS POR DENTRO!

BUENO..., TAMBIÉN ESTAMOS LOS LINDOS REVERSIBLES
©QUINO

679

¡Y AQUÍ NO HAY ESCALAFÓN QUE VALGA..... TODO EL MUNDO DEBE RESIGNARSE A SER DURANTE TODA LA VIDA, SU PROPIO PEÓN DE LIMPIEZA!
© QUINO

BUEN DÍA, NENA. ¿ESTÁ EL JEFE DE LA FAMILIA?
683

EN ESTA FAMILIA NO HAY JEFES, SOMOS UNA COOPERATIVA

¡POM!

ENTONCES... EN AQUEL CURSO DE VENTAS NO ESTABAN TODAS LAS RESPUESTAS
© QUINO

¡ESE CASCO LLENO DE AGUJEROS NO SIRVE; DEJA ENTRAR TODAS LAS BALAS!
687

© QUINO

PERO DEJA SALIR TODAS LAS IDEAS

VOS, QUE SIEMPRE ANDÁS DALE QUE DALE CON EL ALMACÉN DE TU PAPÁ, LA PLATA Y LOS NEGOCIOS, ESCUCHÁ ESTO QUE VOY A LEERTE
689

"EL DINERO NO HACE LA FELICIDAD"

SÍ..., SI ESO YA LO SÉ...
© QUINO

... PERO A MÍ LO QUE ME ENTUSIASMA ES LA MAÑA QUE SE DA PARA IMITARLA

....Y ÉSTE HA SIDO EL PANORAMA MUNDIAL
692

¡MAFALDA!... ¿HAS ESTADO SACANDO MIS CREMAS?

© QUINO
LAS DE EMBELLECER, SOLAMENTE

NO QUIERO ECHARTE, FELIPE, PERO SON LAS CUATRO Y MEDIA, ¿NO TENDRÍAS QUE IRTE A TU CASA A HACER LOS DEBERES?
HAY TIEMPO
698

SEIS MENOS DIEZ, FELIPE,..... TUS DEBERES
ENSEGUIDA VOY Y LOS HAGO EN DOS PATADAS

¡PERO FELIPE! ¡MIRÁ QUE SON LAS SIETE Y VEINT
¡NO!... ¿YA?

¡PERO CÓMO!... ¡LAS CUENTAS!... ¡SUJETO Y PREDICADO!... ¡EL MAPA!... ¡¿Y AHORA CÓMO HAGO?!

ENTERNECE VERLO CON TODA ESA IDIOSINCRACIA NACIONAL
© QUINO

PAPÁ, SI LA CIGÜEÑA TRAE A TODO EL MUNDO DESDE PARÍS, HASTA QUE LLEGAMOS Y NOS ANOTAN AQUÍ SOMOS TODOS FRANCESES, ¿NO?
699

OUI

YA ME PARECÍA

©QUINO

NECESITO QUE ME ACONSEJES, MAFALDA
VEAMOS DE QUÉ SE TRATA, SUSANITA
700

©QUINO

DECIME..., ¿QUÉ PUEDO HACER CON UNA PERSONALIDAD TAN INTERESANTE COMO LA MÍA?

704
¿QUÉ VAS A HACER, MAFALDA?
JUGAR A LA LIBERTAD

¿A LA LIBERTAD? ¿Y CÓMO?
PUES ASÍ....

...CON UNA LAMPARITA QUEMADA EN LA DERECHA...

....Y UN LIBRO DE CUENTOS EN LA IZQUIERDA
©QUINO

¿SE PUEDE SABER QUÉ DIABLOS HACÉS AHÍ?
SOY LA LIBERTAD
706

"¡LA LIBERTAD!"... ¿SABÉS CÓMO VAS A QUEDAR SI TE CAÉS DE AHÍ Y SE TE REVIENTA ESA LAMPARITA?

SÍ..., COMO LA LIBERTAD
©QUINO

709

©QUINO

?

¿HAN PROBADO UDS. LOS EXCELENTES GARBANZOS PARA EJECUTIVOS QUE VENDE ALMACÉN "DON MANOLO"?

721

¡QUÉ RARO, MAFALDA! ¿VOS JUGANDO A LA MAMÁ?
BUENO, PUES... SÍ
©QUINO

DE VEZ EN CUANDO CONVIENE SACAR A PASEAR UN POCO EL INSTINTO

723

¿NOSOTROS LLEVAMOS UNA VIDA DECENTE, MAMÁ?
¡POR SUPUESTO!

©QUINO

¿Y HACIA **DÓNDE** LA LLEVAMOS?

726

"LA VIDA COMIENZA A LOS CUARENTA"

¡¿Y ENTONCES PARA QUÉ CUERNOS NOS HACEN VENIR CON TANTA ANTICIPACIÓN?!
©QUINO

733

COMO SIEMPRE; APENAS UNO PONE LOS PIES EN LA TIERRA SE ACABA LA DIVERSIÓN
©QUINO

....Y ÉSTAS HAN SIDO LAS NOTICIAS DE LA ACTUALIDAD MUNDIAL
¡TIC!
741

SI TUVIERAS HÍGADO,.... ¡¡QUÉ HEPATITIS, ¿EH?
© QUINO

EN LUGAR DE HACER LOS DEBERES ME PASO EL DÍA LEYENDO HISTORIETAS.... ¡ESTO NO PUEDE SER!
747

¡NO ES POSIBLE QUE NO TENGA VOLUNTAD, NO SEÑOR!

¿QUÉ SOY AL FIN: UN HOMBRE O UN RATÓN?

© QUINO

¿HASTI ASCUCHATI DAS NOTIZIOTA RADIE?
MOPA, ¿KÁ DICHETI?

DICHETI KA IN BESTIAPLANĚTE HABI BRONKA
752
¿PETIÑI BRONKA?

MOPA; GROSATOTA BRONKA

¡POBRIKE BESTIAPLANĚTE!
TÁH, ¡POBRIKE BESTIAPLANĚTE!
© QUINO

...Y ÉSTE HA SIDO EL PANORAMA MUNDIAL A TRAVÉS DE LAS NOTICIAS
753

©QUINO

CON TANTOS DISGUSTOS EL POBRE ENFLAQUECE

757

FRÁGIL
FRÁGIL

ACABA DE PASAR LA PAZ EN UN CAJONCITO
©QUINO

BUENO.... ¡HA LLEGADO EL INVIERNO!
761

¿HAY QUE TRATARLO DE "USTED"?
©QUINO

765

©QUINO

¿ESTARÉ EMPEZANDO A SER MÁS JOVEN QUE MI CUERPO?

LA COMPUTADORA ZK-2-09 ACABA DE CONCLUIR LAS CUENTAS
CORRECTO, ENVÍALAS POR RAYO LÁSER A LA ESCUELA
770

BUENO, AHORA MISMO VOY A HACER LOS DEBERES
¡ESO ES!

SIR WILLIAM SHAKESPEARE OS TIENE LISTA LA COMPOSICIÓN SOBRE LA VACA, SIRE
O.K., RECOMPENSADLO CON ESTOS PENIQUES

¡YA MISMÍSIMO ME LEVANTO Y ME VOY A HACER LOS DEBERES!
¡SÍ SEÑOR!
©QUINO

¡HE PERDIDO 32 HOMBRES Y UNA PIERNA, HERR MARISCAL, PERO LOGRÉ ARREBATAR AL ENEMIGO EL MAPA CON LOS PRINCIPALES RÍOS DE EUROPA!
GRACIAS, SCHULZ, PUEDE IRSE A TOMAR UNA BIECKERT, NO MÁS

774

SI YO FUERA UN GIGANTE,.... ¡YA SÉ CON QUÉ ME PEGARÍA LOS BOTONES!
©QUINO

¿Y?

COMIENZA TU DÍA CON UNA SONRISA, VERÁS LO DIVERTIDO QUE ES IR POR AHÍ DESENTONANDO CON TODO EL MUNDO

¿SEGUÍS SIEMPRE CON LA IDEA DE TENER UNA CADENA DE SUPERMERCADOS CUANDO SEAS GRANDE, MANOLITO?
¡POR SUPUESTO!
776

¡UNA CADENA DE ENORMES LOCALES CON MUCHO VENTANAL Y MUCHO ALUMINIO Y MUCHO ALFOMBRADO Y MUCHA CATEGORÍA Y MUCHO LUJO!... ¡Y ARRIBA DE TODO, EL CARTELÓN INMENSO!

MANOLO'S
©QUINO

¿QUÉ HACÉS, MAFALDA?
783

NADA, MAMÁ, ESTOY MIRANDO A LA HUMANIDAD

¿¿A LA HUMANIDAD??
©QUINO

¡TUC!
¡TUC!
¡TUC!
¡TUC!

¡QUÉ BARBARIDAD, DIOS MÍO!...¡QUÉ BARBARIDAD!!
789

¡AQUÍ DICE QUE LA AMETRALLADORA FUE INVENTADA EN 1861 Y LA MÁQUINA DE ESCRIBIR EN 1868! ¿TE DAS CUENTA?

SE INVENTÓ **CÓMO MATAR RÁPIDO**, ANTES QUE **CÓMO ESCRIBIR RÁPIDO** ¡ES DEPRIMENTE!

DEPRIMENTE DEPRIMENTE DEPRIMENTE DEPRIMENTE

EL POBRE AÚN NO SE ACOSTUMBRA A QUE ESTE MUNDO ES **E**STE **M**UNDO
©QUINO

"CONÓCETE A TÍ MISMO"
790

BUEN CONSEJO

PERO HOY NO TENGO GANAS DE ANDAR HACIENDO TURISMO POR ADENTRO MÍO
©QUINO

¿QUÉ TE PARECE ESTA FRASE, FELIPE? "CONÓCETE A TÍ MISMO"
791

¡ME PARECE EXELENTE! ¡ES MÁS: DE HOY EN ADELANTE COMENZARÉ A PONERLA EN PRÁCTICA! ¡SÍ SEÑOR!

¡NO VOY A PARAR HASTA LLEGAR A CONOCERME A MÍ MISMO Y SABER CÓMO SOY YO REALMENTE!!

¡DIOS MÍO!...¿Y SI NO ME GUSTO?
©QUINO

ESTE LIBRO TRAE UN BUEN CONSEJO, MIGUELITO: "CONÓCETE A TÍ MISMO"
¿A VER?
792

?

PERO,.....¿VIENE SIN NINGÚN ESPEJITO?
©QUINO

¿POR QUÉ TANTAS MEDICIONES, FELIPE?
PORQUE QUIERO QUE ESTE AVIÓN ME SALGA BIEN
794

YO, LO QUE QUIERO QUE ME SALGA BIEN ES LA VIDA

©QUINO

ORTOPEDIA, BUENOS DÍAS
805

©QUINO

SÍ, TENEMOS DE TODO TIPO, SÍ

¿PARA EL QUÉ?

¡PARA EL ÁNIMO! ¿NO TIENEN MULETAS PARA EL ÁNIMO?
VIET-NAM
PEKÍN
CUBA
EXPLOSIÓN
DISTURBIOS EN USA

¿CÓMO TE FUE HOY EN LA ESCUELA, MAFALDA?
BIEN
808

APRENDIMOS UN MONTÓN DE COSAS NUEVAS

¿Y A VOS, MAMÁ?..
©QUINO

¿QUÉ TAL TE HA IDO EN ESTE ANTRO DE RUTINA?

¿TE PARECE QUE EN OTROS MUNDOS HAY SERES INTELIGENTES, MAFALDA?
813

YO CREO QUE ES MUY POSIBLE, MIGUELITO
©QUINO

PERO, SEGÚN LOS SABIOS, PARECE QUE ESOS SERES NO PUEDEN HABITAR NINGUNO DE LOS PLANETAS CERCANOS A LA TIERRA
NO, CLARO

SI SON INTELIGENTES, NO

815

855
TRRRRRRR

©QUINO
¡BONK! ¡BONK!

¿QUÉ ESTÁN TRATANDO DE HACERLE CONFESAR A ESTA POBRE CALLE?

817

AL FINAL ¿CÓMO ES EL ASUNTO? ¿UNO VA LLEVANDO SU VIDA ADELANTE, O LA VIDA SE LO LLEVA POR DELANTE A UNO?
©QUINO

¿SE LO DIJISTE YA A MAFALDA?
NO
818

NO SÉ CÓMO PUEDE CAERLE LA NOTICIA DE QUE VA A TENER UN HERMANITO

¡PERO, TONTA, SI VA A CAERLE BIEN!... LO QUE PASA ES QUE VOS ESTÁS UN POCO NERVIOSA. MEJOR DEJAME A MÍ

VAS A VER; AHORA LA LLAMO Y SE LO DIGO, CON SERENIDAD

FAMALDA, ¿PONÉS VEDIR UN MOTENMITO?
©QUINO

BIEN, MAFALDA, LO QUE QUERÍAMOS DECIRTE ES QUE... JÉ-JÉ...¡EN FIN!...
¿QUE JÉ-JÉ EN FIN QUÉ?
820

PUES...... QUE DENTRO DE UNOS MESES VAS A TENER UN HERMANITO

©QUINO

BUENO, ¿QUÉ TE PARECE?

¡BONK!

¿UN HERMANITO?
821

PERO..., ¿EN SERIO?
¡EN SERIO, SUSANITA!...¡MIS PAPÁS ME DIJERON QUE DENTRO DE UNOS MESES VOY A TENER UN HERMANITO!

BUENO..., ME ALEGRO MUCHÍSIMO... ¡DE VERAS!... TE FELICITO, MAFALDA
GRACIAS, SUSANITA, GRACIAS

¡¡¡NOS HEMOS DEJADO GANAR COMO UNOS ESTÚPIDOS!!!
©QUINO

LO QUE NO ENTIENDO ES POR QUÉ A TU HERMANITO HAY QUE ESPERARLO **MESES**, ¿NO PODRÍA LLEGAR ANTES?
824

NO, MIGUELITO, PORQUE PARÍS QUEDA MUUUUUY MUUUUUUUY LEJOS Y LA CIGÜEÑA QUE LO TRAE TIENE QUE DESCANSAR POR EL CAMINO Y ESO LA DEMORA

©QUINO

¿Y QUÉ TAL UN ARREGLITO CON AIR FRANCE?

¡OH, MAMÁ! ¿UN PULLÓVER PARA **MÍ**? ¿QUÉ **ME** ESTÁS TEJIENDO, MAMÁ?
829

NO ES PARA VOS, MAFALDITA, SINO PARA TU FUTURO HERMANITO

AH

ES CURIOSO; DE PRONTO SIENTO COMO SI ME HUBIERA ENTRADO UNA BASURITA EN EL ÁNIMO
©QUINO

¡QUÉ LÁSTIMA! YO CREÍ QUE TEJÍAS ALGO PARA MÍ..., PERO ES PARA EL HERMANITO
830

PERO, MAFALDA, PENSÁ QUE VOS YA TENÉS DE TODO: PULLÓVERES, VESTIDOS, MEDIAS, ZAPATOS... ¡TODO!

EN CAMBIO, TU FUTURO HERMANITO NO TIENE NADA DE ROPA NI DE NADA. ¿ENTENDÉS?
ENTIENDO

ES COMO SER LA HERMANA DE UN REFUGIADO
©QUINO

SUS MEJORES
MOMENTOS....
832

ACOMPÁÑELOS CON
WHISKY "BLACK-GROG"
¡PSSH!

¡MIRÁ SI CADA VEZ QUE
UNO SALE DE LA ESCUELA
VA A TOMARSE UN WHISKY!...

835

¿LA CALLE
CORRALITOS,
POR FAVOR?

POR ÉSTA, 3 CUADRAS DERECHO
HASTA EL MERCADO, DOBLANDO
DOS A LA DERECHA CRUZA LA
PLAZA Y MEDIA CUADRA MÁS ALLÁ
VERÁ UNA CORTADA: ÉSA ES
CORRALITOS
AJHÁ,
GRACIAS

¿LA FELICIDAD,
POR FAVOR?

840
A
Z

P
A
Z

P
A
Z

¡TUP!
P
A
Z

¡QUÉ!.......¿LES HA
DADO POR HACERSE
LOS SIMBÓLICOS?
Z

841

©QUINO

¿NERVIOSO?

843

©QUINO
MANOLO'S
SR. DIRECTOR, LA ROCKEFELLER Cº PIDE POR FAVOR UNOS DÍAS MÁS PARA REUNIR ESOS MILLONES QUE NOS DEBEN

MANOLO'S
¡NO!

849
¡TE CONOZCO, MANOLITO! ¡VOS QUERÉS LLEGAR A SER UN EJECUTIVO...

...PERO NO PORQUE TE INTERESE SER UN EJECUTIVO, NO...

....SINO PORQUE SOS UN SNOB!

¿UN SQUÉ?
©QUINO

¡BUEN DÍA, PAPÁ!
¡FELIZ PRIMAVERA!

¡CHUiiiiiK!
850

©QUINO

MIRÁ, MIGUELITO
¿QUÉ?
859

LOS ÁRBOLES YA SE HAN PUESTO VERDES
¿AJHÁ?
©QUINO

¿ESO QUIERE DECIR QUE LA NATURALEZA NOS DA PASO PARA CRUZAR ADÓNDE?

860

¡BUENO!
NO DEJES PARA MAÑANA LO QUE PUEDAS HACER HOY
©QUINO

¡DESDE MAÑANA MISMO EMPIEZ

862
!

¡VENGAN A VER! ¡MANOLITO ESTÁ DE NOVIO!

¡DE NOVIO!... ¡BAH, BAH, BAH!
$
©QUINO

CON ESTO DE QUE JAMES BOND ES EL AGENTE SECRETO CERO CERO SIETE....

866
....Y DE QUE LOS DEMÁS AGENTES SECRETOS SON TODOS CERO CERO QUÉ SÉ YO Y CERO CERO NO SÉ CUANTO.....

.....CADA VEZ QUE MIRO MI BOLETÍN DE CALIFICACIONES ME SIENTO UN POCO AGENTE SECRETO
©QUINO

870

PERO... ¿CUÁNDO, MAMÁ? ¿CUÁNDO LLEGA EL DICHOSO HERMANITO?
©QUINO

871

DECIME, MAFALDA, ANTES DE NACER NOSOTROS ¿EXISTÍA REALMENTE EL MUNDO?

¡MIRÁ QUE SOS TONTO, MIGUELITO! ¡CLARO QUE EXISTÍA!

¿Y PARA QUÉ?

876

¿POR QUÉ USA ANTEOJOS TU MAMÁ?
PORQUE SE LOS RECETÓ EL OCULISTA
¿PARA **QUÉ**?

PARA QUE VEA BIEN
¿PARA QUE VEA BIEN **QUÉ**?

¿CÓMO "QUÉ"? ¡TODO!

AH, ¿TAN PESIMISTA ERA TU MAMÁ?

879
MÑSDÍA, PAPÁ
MÑSDÍA

MÑSDÍA, MAMÁ
MÑSDÍA

A ESTA HORA SOPLA SIEMPRE UN CIERTO AIRE DE FAMILIA

¡TOC!
¡TOC!

¡TOC!
¡TOC!

883
... TODA, TODA LA NOCHE SOÑANDO CON MANOLITO

BUENAS, MANOLITO. ME MANDA MI MAMÁ A VER SI EL WHISKY QUE VENDEN UDS. ES MUY CARO
NO, NO ES MUY CARO

¿ES IMPORTADO?
NO, NO ES IMPORTADO

886
AJHÁ. ¿Y ES BUENO?
Y... NNNO, NO ES MUY BUENO

PERO, DECIME, **¿ES WHISKY?**
NO, EN REALIDAD TAMPOCO ES WHISKY

EL NEGOCIO ES EL NEGOCIO, PERO LOS AMIGOS SON LOS AMIGOS

MI MAMÁ ESTÁ TEJIENDO ESTO PARA MI FUTURO HERMANITO
887

¡MI QUERIDO HERMANITO!

¡MI ADORADO HERM.....

?

a Julián J.,
Miguel Brascó,
Alicia
y U-Thant

QUIÑO

VENIMOS POR LA VACUNA CONTRA EL DESPOTISMO, POR FAVOR

¿SABEN? ESTUVE PENSANDO MUCHO EN EL FUTURO HERMANITO
¿AJHÁ?
890

Y LLEGUÉ A LA CONCLUSIÓN DE QUE MEJOR NO LO TENGAMOS NADA

©QUINO

¡QUÉ SUSTO, EH?

891
TINTA

©QUINO

VOS QUE TENÉS TOCADISCOS, ¿ME DEJARÍAS USARLO UN SEGUNDO PARA SACARME DE ENCIMA UNA CURIOSIDAD?

SE HACEN LLAVES
893

BUEN DÍA, SEÑOR; VENGO A QUE ME HAGA LA LLAVE DE LA FELICIDAD

CON MUCHO GUSTO, NENITA, ¿A VER EL MODELO?
©QUINO

¡ASTUTO VIEJITO!

ANOCHE SOÑÉ QUE MI MAMÁ ME MANDABA A VISITAR A MI ABUELITA ENFERMA, QUE VIVÍA EN CHINA COMUNISTA

"LLEVALE ESTA CANASTA A ABUELITA, PERO ¡CUIDADO!, NO VAYAS A ENCONTRARTE CON UN GUARDIA ROJO", ME PREVINO MI MAMÁ. Y YO SALÍ CON MI CANASTITA HACIA CHINA

UNA VEZ ALLÍ, IBA SALTANDO ALEGREMENTE POR UNA CALLE CUANDO DE PRONTO ¡ZÁS! UN GUARDIA ROJO QUE ME PREGUNTA: "¿ADÓNDE VAS, CAMARADA?"

-VOY A VISITAR A MI ABUELITA ENFERMA
-"¿AH, SÍ? ¿Y DÓNDE VIVE TU ABUELITA, SIMPÁTICA BURGUESITA?"

¡ANDÁ!....
¡ESO ES CAPERUCITA ROJA!... ¡Y ES MENTIRA QUE LO SOÑASTE!

CLARO QUE SÍ, PERO QUÉ VERSIÓN INTERESANTE, ¿EHÉ?

¿QUÉ ES LA FILOSOFÍA, PAPÁ?

DECIME, CUANDO LLEGUE TU FUTURO HERMANITO, ¿A MÍ YA NO ME VAS A QUERER MÁS?

¡PERO, MIGUELITO!... ¿CÓMO SE TE OCURRE? TE VOY A SEGUIR QUERIENDO COMO SIEMPRE

¡AAH!

¡POC!

MIGUELITO TIENE MIEDO DE QUE YO LO QUIERA MENOS CUANDO LLEGUE MI HERMANITO
¿AHA?
906

EN REALIDAD YO TAMBIÉN TENGO MIEDO DE QUE VOS ME QUIERAS MENOS CUANDO *EL* LLEGUE

¡PERO, TONTITA!... A VOS NUNCA VOY A DEJAR DE QUERERTE NI UN POQUITO

SÍ, YA SÉ, PERO ES COMO SI TU CARIÑO ABRIERA UNA SUCURSAL

PARA UD., SRA. SUSANITA
¡OH!
916

¡MI PRIMER HIJITO! ¡QUÉ EMOCIÓN!

BUEN DÍA, SRA., VENÍA A JUGAR CON SUSANITA
LO SIENTO, SE DESPERTÓ DESCOMPUESTA Y NO HA PODIDO LEVANTARSE

928
HOLA, SOY NUEVO EN EL BARRIO

Y LO PRIMERO QUE ME HA LLAMADO LA ATENCIÓN AQUÍ ES ESE ALMACÉN "DON MANOLO". ¡QUÉ PRECIOS TAN BAJOS!.... ¡Y ADEMÁS...

....TODO LO QUE VENDEN ES BUENÍSIM....

¡MENOS EL MALDITO FIJADOR!

930

FELIPE, ¿PODRÍAS IR A COMPRAR LA LECHE?

LO SIENTO, MAMÁ, NO TENGO TIEMPO

SIN EMBARGO A LA GENTE GRANDE ESA MENTIRA SE LA RESPETAN
©QUINO

VOY HASTA LA TINTORERÍA, MAFALDA. VIGILÁ UN MINUTO A TU HERMANITO, QUE YO VUELVO ENSEGUIDA, ¿EH?
BUENO

937

BLUP!

¡UUÁÁÁ!...
¡EEEH, BUENO! ¡TOMALO!

¡SI LOS PUEBLOS SUPIERAN USAR LOS PULMONES COMO VOS, LOS DICTADORES SE LAS VERÍAN REALMENTE EN FIGURILLAS!
©QUINO

CLARO, A LOS DOS MESES Y DESDE UNA CUNITA, NO PODÉS TENER LA MENOR IDEA DE TODO LO QUE OCURRE EN ESTE MUNDO

938
¿NO?
CRUCH CRUCH

EVIDENTEMENTE, NO
©QUINO

ANOCHE LE PEDÍ A MI PAPÁ QUE ME EXPLICARA UNAS DIVISIONES
AH, LAS QUE NOS DIO AYER LA MAESTRA, ¿NO?

MAL HECHO, MAFALDA; DEBISTE PEDIRME A MÍ QUE TE LAS EXPLICARA

963

©QUINO

NO. LAS QUE HAY ENTRE RUSOS Y CHINOS, Y ÁRABES E ISRAELÍES, Y NEGROS Y BLANCOS, Y......

964
CIGAR'S
RUBIOS TIPO AMERICANO

¿SERÁN IDEAS MÍAS, O REALMENTE SE ESTÁ PONIENDO PESADA ESTA MANÍA DE EXTRANJERIZAR PALABRAS?

Don Manolo, el almacén de categoría, no tiene lentejas

sino Lenteja's
©QUINO

968
¡DLONG!

TOMÁ, PERO NADA DE VOLVER A TIRARLO

©QUINO
¡DLONG!

NO EMPECÉS DESDE YA A DESPILFARRAR REBELDÍA, ¿EH?.....MIRÁ QUE LUEGO TE VA A HACER FALTA PARA CAUSAS MENOS PAVOTAS

¡BOOM!
¡BANG!
¡RATAT-TAT-TAT-TAT-TAT!

¡BAM!
¡BUM!
969

¡BOUNG!
¡BANG!
VIET-NAM

¡¡¿QUIEREN ACABAR YA ESTE JALEO Y DEJAR DORMIR EN PAZ A LA HUMANIDAD?!!
©QUINO

?
971

PERDÓN, SR. ¿USTED ES NORTEAMERICANO?
NO, YO NO TENGO NACIONALIDAD

ENTONCES, ...¿ESA LIBERTAD?
LA VENDO, HIJITA, LA VENDO

CLARO QUE NO ES LA LEGÍTIMA; SI NO NO SERÍA NEGOCIO
©QUINO

PERO, ESTA LIBERTAD QUE USTED VENDE, ¿POR QUÉ NO TIENE LLAMA?
972

PORQUE SE LE ENCIENDE AL OPRIMIRLA; ASÍ, ¿TE DAS CUENTA?
CLIK

SÍ, ME DOY CUENTA
©QUINO

983

MIRÁ, MAFALDA, ¿NO TE RESULTA MARAVILLOSO ESTAR **AQUÍ** EN WALL STREET Y VER PASAR POTENTADOS TAN FINOS Y ELEGANTES?

¡ÑIJ-ÑIJ!

LOS CHEQUES DE TUS BURLAS NO TIENEN FONDOS EN EL BANCO DE MI ÁNIMO

988

¿NO SE NOS ESTÁ ABURGUESANDO DEMASIADO?

989
JUGUEMOS A QUE ÉRAMOS DOS SEÑORAS COMO MI MAMÁ Y TU MAMÁ, ¿EH?
¡ESO!... Y...

...QUE NOS REUNÍAMOS A TOMAR TÉ Y CHARLAR COMO CHARLAN LAS SEÑORAS

BUENO....
VEAMOS....

¿QUIÉN DICE LA PRIMERA ESTUPIDEZ?

HOLA, FELIPE ¿QUÉ TE OCURRE?
NADA, QUE EN VEZ DE HACER LOS DEBERES ME PASÉ EL TIEMPO LEYENDO HISTORIETAS

Y LO PEOR ES QUE NO DISFRUTÉ LAS HISTORIETAS SABIENDO QUE **TENGO** QUE HACER LOS DEBERES
998

Y RESULTA QUE AHORA ME ENTRA LA ANGUSTIA PORQUE TODAVÍA NO LOS HICE
¿Y POR QUÉ NO VAS Y LOS HACÉS DE UNA VEZ?
©QUINO

ENSEGUIDA, ENSEGUIDA; YA QUE NO DISFRUTÉ LAS HISTORIETAS DEJAME AL MENOS DISFRUTAR MI ANGUSTIA

PARECE QUE LE FUERON MAL LAS COSAS....
1001

....Y NO TIENE DÓNDE CAERSE MUERTO

ESTARÁ POCO INFORMADO; HOY EL MUNDO OFRECE TODA UNA GAMA DE LUGARES PARA ESO
©QUINO

1008

CLARO.....LO MALO ES QUE LA MUJER EN VEZ DE JUGAR UN PAPEL, HA JUGADO UN **TRAPO** EN LA HISTORIA DE LA HUMANIDAD
©QUINO

BUENO, ¿Y CÓMO HACE UNO PARA PEGARSE ESTO EN EL ALMA?

¿TE COMENTÉ QUE MI HERMANITO YA GATEA, FELIPE?

¡LE DIJE A MAMÁ QUE ES UNA BARBARIDAD QUE TE HAYA ENCERRADO ASÍ!

¡Y LE HABLÉ DE ATROPELLO A LA LIBERTAD INDIVIDUAL Y DE LA DECLARACIÓN DE LOS DERECHOS HUMANOS!
¡SÍ SEÑOR!

PERO PARECE QUE NADA DE ESO TIENE ALGO QUE VER CON COMERSE LA TIERRA DE LAS MACETAS, GUILLE

¡BUUUAÁ!

¡BUAÁÁ!

1027
¡BU...

¡GAPU! ¡JÍÑI! ¡JÍÑI!
¡PLAF!
¡PLAF! ¡PLAF!

ASÍ QUE EN LA LÍNEA DEL DISCONFORMISMO CONFORMISTA, ¿NO? ¡MUY SIMPÁTICO!
© QUINO

1028
¡¡IJÚÚÚJHUUU!
LLEGÓ PAPÁ, GUILLE

¡GÚPI!

¡!?

PARECERÍA QUE LA JEFATURA DE ESTA FAMILIA LA EJERCE UN EMOTIVO
¡PLOC!
© QUINO

BIEN, HOY VAMOS A ESTUDIAR EL PENTÁGONO
1029

¿Y MAÑANA EL KREMLIM?
¡CRAC!

© QUINO
DIGO.....PARA EQUILIBRAR

HAY COSAS EN LAS QUE EL POBRE AÚN NO APRENDE A MANEJARSE SOLO
1042
©QUINO

PROHIBIDO GIRAR A LA IZQUIERDA
1043

PROHIBIDO FIJAR CARTELES
1043

PROHIBIDO ESTACIONAR
©QUINO

RECONFORTA VER CÓMO POCO A POCO EL HOMBRE HA IDO LOGRANDO DAR RIENDA SUELTA A SU LIBERTAD DE LIMITARSE

¡QUÉ MANÍA! ¡LO ÚNICO QUE SABEN HACER ES PROHIBIR!
©QUINO

DECIME, MIGUELITO, ¿A VOS NO TE INDIGNA ESTE CARTEL?

PROHIBIDO PISAR EL CÉSPED

NO, ¿QUÉ ME IMPORTA? YO TENGO MI PROPIO PASTITO INTERIOR
1044

MAFALDA, LAVATE LAS MANOS Y VENÍ A COMER

¿TE LAS LAVASTE YA?
1045

¡PERO SÍ!, ¡TODOS LOS DÍAS LA MISMA HISTORIA!

"LAVATE LAS MANOS PARA TOMAR LA LECHE"

"LAVATE LAS MANOS, QUE YA ESTÁ LA CENA"

¡QUÉ FIJACIÓN CON PILATOS! ¿EH?
©QUINO

1052

©QUINO

©QUINO
1057

MAMÁ, ¿QUÉ TE GUSTARÍA SER SI VIVIERAS?

YA QUE AMARNOS LOS UNOS A LOS OTROS NO RESULTA ¿POR QUÉ NO PROBAMOS AMARNOS LOS OTROS A LOS UNOS?

ENTONCES, ESO QUE ME ENSEÑARON EN LA ESCUELA......
QUINO
29.VI.64

SI NO TENÉS OTROS PLANES VAMOS A LA PLAZA A JUGAR A LOS BALAZOS ¿EH?
1077

PENSABA QUEDARME VIENDO "EL MARAVILLOSO MUNDO QUE NOS RODEA"
EL MARAVILLOSO MUNDO QUE NOS RODEA

PERO ¡SEA!, VAMOS A ENFRASCARNOS CON LA REALIDAD
©QUINO

¡YO HACER DE POLICÍA SÍ, PERO DE BANDIDO NO! ¡ESO SÍ QUE NO!
1079

DEJEMÓSLO SER POLICÍA, POBRE MIGUELITO, ¡SI ES UN TIERNO!... ¿CÓMO VA A HACER DE DELINCUENTE?

¡ADEMÁS QUE TRAJE UN ALFILER PARA LAS TORTURAS Y TODO!
©QUINO

¡ESTO ES UN ROBO!
1080

¡PUES SI NO LE GUSTAN LOS PRECIOS VAYA A OTRO ALMACÉN, SEÑORA!!

ES LA COSTUMBRE, PERDÓN
©QUINO

1083
¿ETE?
PLANTA

¿ETE?

SILLA

¿ETE?

©QUINO
ETE

1088
¡MI PAPÁ TODOS LOS DÍAS LO MISMO!...

"BUEN DÍA-HASTA LUEGO"
"HOLA, ¡PUF, QUÉ CANSANCIO! ¿ESTÁ LA CENA? ¡AAAH!... ¡POR FIN LA CAMA! ¡BUEH!... HASTA MAÑANA"

Y MI MAMÁ: "¡NO RAYES EL PARQUET! ¿OTRA VEZ CON LOS ZAPATOS SOBRE EL SILLÓN? ¡NO DESTROCES LA ROPA! ¡A VER ESAS OREJAS!"

©QUINO
FRANCAMENTE NO SÉ QUÉ HARÍA YO SIN MÍ

1089

©QUINO

¡NO, GUILLE, NO!

ESO NO SE TOCA, PORQUE SOS MUY CHIQUITO Y PODÉS ROMPERLO Y ES DE CRISTAL MUY CARO Y.....

....
1099

¡DIOS MÍO, QUÉ MANERA DE DECIR ADULTECES!
©QUINO

¡GANÉ! ¡GANÉ AL TÁ-TÉ-TÍ!!
1101

¡¡GANÉ AL TÁ-TÉ-TÍ!! ¡GANÉ!

¡GANÉ AL TA-TÉ-TÍ! ¡JÁH!... ¡¡GANÉ!!
©QUINO

SÑIF

¿QUÉ HACÉS CON ESO AQUÍ?
1102

PENSÉ QUE TE INTERESARÍA LLORAR POR ALGO MÁS ALTRUISTA QUE UNA CEBOLLA
©QUINO

ESCUCHE, AGENTE; UD. CUIDE TODO EL BARRIO, PERO MI CASA NO, ¿SABE?
1103

¿POR QUÉ TU CASA NO?
PORQUE LA VIDA TIENE MUCHAS VUELTAS

SUPONGA QUE EL DÍA DE MAÑANA YO ESTUDIE EN LA UNIVERSIDAD; SUPONGA QUE SE ARMA ALGÚN LÍO Y USTED Y YO NOS ENCONTRAMOS,

¿CON QUÉ CARA LE ENCAJO ADOQUINAZOS A QUIEN CUIDÓ MI CASA?
©QUINO

1110

©QUINO

¡ESTO NO ES PARA VOS, GUILLE! ¡SE ACABÓ!

1111

©QUINO

DECIME, PAPÁ: CUÁNDO VOS ERAS CHICO, ¿NUNCA TE PUDRISTE DE LA ESCUELA?
¡¿CÓMO SE TE OCURRE?! ¡¿DE LA ESCUELA?!

¡SÍ, DE LA ESCUELA Y LA MAESTRA Y LAS CUENTAS!...
¡LAS CUENTAS!
1116

Y LAS ORA
CIONES, SÍ, Y LOS MAPAS Y LA GEOMETRÍA Y LOS DICTADOS Y...
©QUINO

ELLA EMPEZÓ

U.N.

¡QUE LEVANTEN LA MANO LOS QUE ESTÉN HARTOS DE VER EL MUNDO MANEJADO CON LOS PIES!
1117

©QUINO

"NERVO-CALM" GOTAS
¿"NERVO CALM"? ¡NO SERÁ PARA VOS, ¿NO?
1127

¿PARA MÍ? ¡NOOO!
¡AH!

ES PARA MI PAPÁ, QUE AL FINAL NO ME CONTESTÓ QUÉ DIABLOS ES EL EROTISMO, ¿UD. PODRÍA EXP

FALTAN VEINTE GOTAS QUE TOMÓ EL FARMACÉUTICO
©QUINO

BUENO, ¿Y POR QUÉ EN ESTE AÑO QUE VIENE NO INICIAMOS DE UNA BUENA VEZ LA TAN POSTERGADA CONSTRUCCIÓN DE UN MUNDO MEJOR? ¿EH?
1119

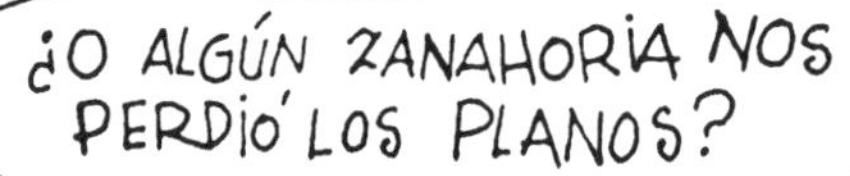

¿O ALGÚN ZANAHORIA NOS PERDIÓ LOS PLANOS?

1120

©QUINO

¡QUÉ DÍA, HOY! ¡CAMAÑO CON GRIPE! ¡BENDATI TAMPOCO FUE PORQUE ANDA EN UN LÍO!... PARECE QUE....

... SE SEPARA DE LA MUJ...

...SICA ¡ESO! TOCABA MÚSICA EN UN CONJUNTO Y AHORA DEJA
¡CLARO!
1131

MORALEJA: NUNCA TE CASES DE OÍDO
©QUINO

MAMÁ, ¿PUEDO IR A LA PLAZA?
NO, ESTOY MÁS TRANQUILA VIÉNDOTE ACÁ

©QUINO

¿QUÉ TENÍAS, MAMÁ?
UNA CANA
1133

¡CÓMO! ¿YA?
¿YA EMPIEZAN A SALIRTE? ¿YA COMIENZ

¿Y MAFA
¡EN LA PLAZA!

¡HAY QUE DARLE TIEMPO AL PAÍS! EN ALGUNAS COSAS, POCO A POCO, SE NOTA UN DESARROLLO

1134
©QUINO

Y EN OTRAS, DE GOLPE Y PORRAZO, UN CRECIMIENTO

CHUÍP CHUÍP
1135

CHUÍP CHUÍP

CHUÍP CHUÍP

CHUÍP CHUÍP

¡AH! ¡¿APARECIÓ?!
PSÉ
©QUINO

1136

¡MIRÁ SI JUSTO A MÍ, ESPOSA COMPRENSIVA, BUENA Y TOLERANTE, ME TOCA UN DESASTRE DE MARIDO!

¡DECIME! ¿TENÉS IDEA DE CON QUIÉN VAS A CASARTE?
NO
¡BUENO, ENTONCES NO JOROBES!

© QUINO

¡ME MUERO POR CONOCER A ESE MISERABLE!

© QUINO

1139
MAMÁ, ¿TU PRIMER NOVIO FUE ÉSTE, O QUIÉN?

¡NO ES HORA DE VENIR CON PREGUNTAS, SINO DE DORMIR! ¡ANDÁ A LA CAMA!
1140

PERO....YO SÓLO QUERÍA SABER SI VOS FUISTE EL PRIMER NOVIO DE MAMÁ
¡BUENO, BASTA! ¿ME OÍS? ¡BASTA!

© QUINO

¡¡¿EN QUIÉN ESTÁS PENSANDO, VOS?!!

EN MI GRADO HAY UN CHICO QUE LE TIENE UN MIEDO A LA OSCURIDAD!....
LE HABRÁ PASADO ALGO A OSCURAS, POBRE
1141

¡QUÉ "POBRE", SI NUNCA LE PASÓ NADA! PERO ÉL PIENSA QUE EN LA OSCURIDAD PUEDE HABER... NO SÉ...."COSAS"
¿"COSAS"?

SÍ, COSAS HORRIBLES, DICE, ¡QUÉ SÉ YO!
¡UUH! ¡BUEH!..

ES UN ZANAHORIA DE ESOS QUE CREEN EN ESTUPIDECES
¡NI MÁS NI MENOS!

¡ESTA DOBLE VIDA ME TIENE LOS NERVIOS A LA MISERIA!
©QUINO

¡ÉTE MAMÁ!
¡MAMÁ!
¡TÍ!
¡ÉTE!
1150

¡PERO NO, GUILLE! ¡ÉSA NO ES MAMÁ! ¡ES BRIGITTE BARDOT!

©QUINO

¡BUÁÁÁ!..

1157
AL DR. JUAN PUFI EN MÉRITO A SU OBRA

A FELIPE EN MÉRITO A SU OBRA

¿A QUÉ OBRA?
©QUINO

1158

©QUINO

Maestra
1160

Deber
Maruja B
"Las Invasiones Inglesas"
Maruja

Deber
Beatriz
"Las Invaciones Inglesas"
Beatriz

Deber
Mafalda M
"Las Invasiones Inglesas"
¡VIVAN LOS
Beatles
Y LOS Rolling Stones
¡Yeah!
Mafalda
©QUINO

1163
VAMOS A VER, MIGUELITO, ¿8×9?

LOS QUE CONOCEMOS NUESTRAS PROPIAS LIMITACIONES SABEMOS 8×5
©QUINO

¿PAPÁ?
PAPÁ ESTÁ TRABAJANDO, GUILLE
1164

¿PO QUÉ?
PORQUE CUANDO UNO ES GRANDE TIENE QUE TRABAJAR

¿PO QUÉ?
PORQUE SI NO, NO PUEDE COMPRARSE COMIDA, NI ROPA, NI NADA

¿PO QUÉ?
¡PORQUE ASÍ ESTÁ ORGANIZADO ESTE MUNDO, GUILLE!

¡¿PO QUÉ?!

UN AÑO Y MEDIO Y YA CANDIDATO A LOS GASES LACRIMÓGENOS
©QUINO

1166
RAQUEL Y ALBERTO

©QUINO
RAQUEL Y ALBERTO

Susanita y ya veremos quién

AQUÍ VA EL COMANDANTE NEIL ARMSTRONG VIAJANDO POR EL ESPACIO
1169

LA NASA LO HA ENVIADO EN MISIÓN ESPECIAL A BUSCAR MUESTRAS DEL SUELO LUNAR

BUENAS, ME MANDA MI MAMÁ A BUSCAR UN PAQUETE DE MANTECA
©QUINO

AQUÍ VUELVE EL COMANDANTE NEIL ARMSTRONG PLANEANDO NO DARLE EL VUELTO A LA NASA, QUE YA LO TIENE HARTO CON ESTAS MISIONES ESPECIALES

1172

¡LA VERDAD, HABER PISADO LA LUNA ES UNA HAZAÑA REALMENTE EXTRAORDINARIA!

¡PERO DIOS, MÍO CUÁNTO MATERIAL DE PISOTEO QUEDA TODAVÍA!

1173

¿SAPISTI KA UÑI BESTIAPLANĔTE ARTEFAKTE POSAVI IN LUNETA SUPRAFIZIE?

¡¿IN LUNETA SUPRAFIZIE?!
TAH, EP OTRE BESTIAPLANĔTE ARTEFAKTE, ¡CLÍK, CLÍK, CLÍK!, MARTEPLANĔTE PHOTOGRAFINKA

¡HABI COMINCHATIE BESTIAKONTAMINAZION UNIVERSATI!

ANOCHE TUVE UN SUEÑO DE LO MÁS RARO
EN VEZ YO, ¡QUÉ SUEÑO SENSACIONAL!!
1174

¿POR QUÉ, FELIPE? ¿QUÉ SOÑASTE?
¡AH! ¡ALGO MARAVILLOSO!

¿POR QUÉ NO LO SOÑARÉ TODAS LAS NOCHES? ¡TE JURO QUE ME DEJÓ COMO NUEVO!
PERO, ¿CÓMO ERA, QUÉ HACÍAS?!

¡PISABA EL CÉSPED! ¡ME ASOMABA Y SACABA LOS BRAZOS POR LA VENTANILLA! ¡FIJABA CARTELES! ¡GIRABA A LA IZQUIERDA! ¡ESCUPÍA EN EL SUELO!......

a la realidad

QUINO

¡SI SE ESCRIBE FREUD
Y SE DICE FROID, LO CULTO
ES PRONUNCIARLO FRUÁ,
BESTIA!

1175

¡UPA!
¡DEJATE DE UPA Y SALÍ, QUE ESTOY OCUPADA!

ATÁ, UPA
©QUINO

PERO... ¿A VOS TE ALEGRA EN SERIO QUE TU PAPÁ VAYA A COMPRARSE UN AUTO ASÍ?
1179

POR SUPUESTO, MIGUELITO
©QUINO

ES UNO DE LOS POCOS AUTOS EN LOS QUE **LO IMPORTANTE** SIGUE SIENDO LA PERSONA

¡SSSLURB! ¡SSSLURB!
1184

¡HÚLP!

¡A...AY, D...D... DIOS MÍO!

¿MÁS SOPA, GUILLE?
¡TÍ, MÁ'H! ¡TOPITA! ¡MÁH!
©QUINO

¡GHÚLP!

DECIME, MAMÁ; SI UNA NO SE CASA, ¿PUEDE TENER HIJITOS?
¿EH?...¡AH!.... Y... MSSSÍ, COMO PODER, PUEDE, CLARO
1186

PERO LOS HIJITOS DEBEN VIVIR CON SU MAMÁ Y SU PAPÁ, ¡ASÍ DEBE SER! Y PARA ESO HAY QUE CASARSE, FORMAR UN HOGA
¡BUENO, BUENO! ¡ÉSE ES OTRO PROBLEMA!

LA CUESTIÓN ES QUE CASADA O SOLTERA, LA GENTE PUEDE TENER HIJITOS O NO, SEGÚN LE DÉ LA GANA
©QUINO

TRISTE DESCUBRIMIENTO, MUCHACHOS: ¡SOMOS OPTATIVOS!

MIRÁ LO QUE ME PUSO LA MAESTRA EN EL CUADERNO

Felipe: alumnos aplicados como tú tienen por delante toda una vida de contracción al deber y al estudio. ¡¡Adelante!!
1192

¡ES LA PEOR ALEGRÍA QUE ME HAN DADO JAMÁS!
©QUINO

1195
LO SÉ, SÍ

SÉ QUE MIS DERECHOS TERMINAN DONDE EMPIEZAN LOS DE LOS DEMÁS

PERO... ¿ES CULPA MÍA QUE LOS DERECHOS DE LOS DEMÁS EMPIECEN TAN LEJOS?
©QUINO

PERO... ¿QUÉ HACÉS ASÍ, VOS? ¡TE VAS A RESFRIAR!
1201

¿DEFÍA? ¿ACHIÍÍS?
RESFRIAR ATCHIÍS, ¡SÍ, SEÑOR!

©QUINO

1207

¿VES? ÉSTE ES EL
AH

¿¿¿EL PALITO DE ABOLLAR IDEOLOGÍAS???
©QUINO

VEREMOS QUÉ OPINA GUILLE DEL TOBOGÁN
VEREMOS

¿ÉTE TOBOÁM? ¿ETE? ¿TÍ? ¡ÍÍINDO!
1209

¡DESPACIO, GUILLE!
¡GUTA A NENE! ¡TÍ! ¡ÍNDO ETE TOBOÁM!

©QUINO

PAPÁ
¿MMH?
TALCO
1210

POR LO QUE DICE EL DIARIO, YA VEO QUE ES ALGO ASÍ COMO UN LOCO, PERO, DECIME.....

... ¿QUÉ COSAS HACE EXACTAMENTE UN "MANÍACO SEXUAL"?
CRIMEN
© QUINO

¡NO HAY CASO! ¡LA ESCUELA ME ESPANTA, ME DEPRIME, ME DESCOMPONE Y ME ENFERMA!
1214

¡LÓGICO FELIPE! ¡A NADIE LE GUSTA!

¡ES HORRIBLE TENER QUE PASARSE HORAS ENCERRADO EN UN EDIFICIO, ESTUDIANDO, LEYENDO Y ESCRIBIENDO, PARA LUEGO LLEGAR A LA CASA Y VUELTA A ESTUDIAR, LEER Y ESCRIBIR LIADO CON LOS DEBERES!

¡DIOS MÍO! ¡TODO ESO NO LO HABÍA PENSADO!
© QUINO

1215

¿MAQUILLANDO LOS "YA" PARA QUE PAREZCAN "TODAVÍAS"?
© QUINO

HOLA, MANOLITO, RESULTA QUE EMPEZAMOS A HABLAR DE VOS Y TUS FUTUROS SUPERMERCADOS... ¡Y VENIMOS A ADMIRARTE!
¿A MÍ? ¿POR QUÉ?
1221

PORQUE DE TODOS NOSOTROS SOS EL ÚNICO QUE SABE POSITIVAMENTE LO QUE QUIERE ¡Y NOS PARECÉS FRANCAMENTE ADMIRABLE!

¡QUE ME EMOCIONAN, ESTÚPIDOS!

1224

HOLA
HOLA

¡ETA É MI MUJED!

CADA CUAL TIENE SUS PROBLEMAS; HOY A MANOLITO LA MAESTRA LE TOMÓ LA LECCIÓN Y LE PUSO UN CERO
1230

¿TANTO LE PUSO? ¡ESA MAESTRA ESTÁ LOCA!

¡MIRÁ QUE PONERTE UN CERO!... ¡TU MAESTRA ESTÁ LOCA!

AMIGOS ASÍ LO RECONCILIAN A UNO CON LA VIDA

PERO...¿POR QUÉ TENGO QUE HACERLO?
1232

¡¡PORQUE TE LO ORDENO YO, QUE SOY TU MADRE!!

¡¡SI ES CUESTIÓN DE TÍTULOS, YO SOY TU HIJA!

¡Y NOS GRADUAMOS EL MISMO DÍA! ¿O NO?
©QUINO

¿QUÉ PASA?
¡QUE TU HERMANO ES UN CAPRICHOSO!
¡ESO PASA!
¡SNIF!
1240

¡PERO, GUILLE, TENÉS QUE SER COMPRENSIVO, CARAMBA!

PENSÁ QUE ESTA BUENA GENTE ANTES DE EDUCARNOS A NOSOTROS NO EDUCÓ NUNCA A NADIE

VENIMOS A SER SUS *HIJITOS DE INDIAS*, ¡QUÉ VAMOS A HACERLE!
©QUINO

¡EEEÉH, QUÉ FLAMANTE, EL AUTO!
1246

¡ES MUY LINDO, LO FELICITO!

GRACIAS, MIGUELITO, GRACIAS
©QUINO

MENOS MAL QUE JUSTO AQUÍ A LA VUELTA HAY UN GARAJE DONDE GUARDAR EL AUTO DE NOCHE
1248

¡Y SIMPÁTICO, EL TIPO!... LE PREGUNTÉ: "QUEDA SEGURO, AQUÍ, ¿NO?". "VAYA TRANQUILO, JEFE", ME DIJO

¡BUÉH!... ¡A DORMIR TODO EL MUNDO!

©QUINO

GARAJE
ESTACIONAMIENTO

1253

¡PST! PAPÁ
¿MMMH...?

ESO DE QUE LOS PADRES VELAN SIEMPRE POR SUS HIJOS...
SÍ, ¿QUÉ PASA?
©QUINO

QUE ESTÁS DESTRUYENDO EL MITO A RONQUIDOS

1262

¡¡ESTO ES EL ACABÓSE!!

NO EXAGERE; SÓLO ES EL CONTINUÓSE DEL EMPEZÓSE DE USTEDES
©QUINO

PAPÁ, ¿EN TU ÉPOCA DE MUCHACHO LOS VIEJOS SE ESCANDALIZABAN DE UDS.?
¡PÚF!.. ¡DECÍAN DE TODO!
1263

"¡QUÉ BARBARIDAD, VESTIRSE ASÍ!; ¡YO NO SÉ ADÓNDE VAMOS A PARAR! ¡EN MIS TIEMPOS NO SE VEÍAN ESTAS COSAS!"

¡ES INCREÍBLE! ¡IGUALES A LOS VIEJOS DE AHORA!
¿VISTE?

¡Y ESO QUE EN MIS TIEMPOS NO NOS VESTÍAMOS COMO PAYASOS AFEMINADOS, NI SE VEÍAN LAS COSAS QUE SE VEN HOY, NI ÉRAMOS VAGOS, N
©QUINO

1266

©QUINO

DUL

¡BONK!
LCE

1270

©QUINO

1272

PERO...¿QUÉ HACÉS AQUÍ CON EL TELEVISOR DESENCHUFADO?

¡PENSAR! ALGUNA VEZ QUERÍA DARME EL GUSTO DE PODER PENSAR MIENTRAS ESTOY SENTADA MIRÁNDOLO
©QUINO

¡QUÉ EMOCIÓN! ¡HA LLEGADO EL DÍA DE MI BODA!
1273

¡YA VOY CAMINO AL ALTAR DONDE ESPERA EL ELEGIDO DE MI CORAZÓN!

?

©QUINO

1274

29
CUOTAS AUTO

©QUINO

¡HOLA! ¿CÓMO ANDÁS?
AQUÍ, CON UN AGUJERO EN EL ZAPATO HASTA QUE MI PAPÁ COBRE LA SEMANA QUE VIENE EN LA OFICINA
1275

¿SE LE ATRASAN MUCHO A TU PAPÁ CON EL SUELDO?
Y, HAY MESES QUE TARDAN UN POCO EN PAGARLE

¿Y AHORA NO TIENE NADA DE PLATA, TU PAPÁ?
APENAS LO JUSTO PARA LA CUOTA DEL AUTO, ASÍ QUE MIS ZAPATOS TENDRÁN QUE ESPERAR

¿Y VOS NO TENÉS OTRO PAR DE ZAPATOS?
TENGO, PERO SON LOS DE SALIR Y NO QUIERO ARRUINARLOS
©QUINO

Y DECIME, ¿PUEDO AYUDARTE DE ALGUNA MANERA?
SÍ

YÉNDOTE AL CUERNO CON TU REPORTAJE A LA CLASE MEDIA

¡BUÁÁÁ!
1282

¿QUÉ PASA, MAMÁ? ¿POR QUÉ LLORÁS?
¡PORQUE DEL VERANO PASADO A ÉSTE ENGORDÉ Y LA BIKINI ME QUEDA HORRENDA!
¡SÑOG!

YO TE DIRÍA QUE MÁS DE MEDIA HUMANIDAD NO PUDO ENGORDAR NI UN GRAMO PORQUE NO TUVO QUÉ COMER

...PERO VOS NECESITÁS CONSUELO, NO QUEDAR COMO UNA ESTÚPIDA, ¿VERDAD?
©QUINO

ES QUE SON LOS ÚLTIMOS PREPARATIVOS DE LAS VACACIONES QUE NOS TOMAMOS PARA DESCANSAR DE LOS ÚLTIMOS PREPARATIVOS DE LAS VACACIONES QUE NOS TOMAMOS
1283
©QUINO

AYER LE DIJE A MI PAPÁ QUE PODRÍAMOS CERRAR UNOS DÍAS EL ALMACÉN E IRNOS DE VACACIONES
¿Y?
1284

¿VACACIONES?
... PREGUNTÓ ÉL

¡CLARO! ¡UN POCO DE AIRE Y SOL ES MUY BUENO PARA LA SALUD!
... DIJE YO

¿Y LA CLIENTELA?
... PREGUNTÓ ÉL

LA CLIENTELA COMPRARÁ EN OTROS ALMACENES
... DIJE YO

¿ALGUIEN DIO UN DISGUSTO A ESTE HOMBRE?
...PREGUNTÓ EL MÉDICO
©QUINO

1288

¿TIGÜEÑA NENITO? ¿TI?
©QUINO

HOTEL Gaviota
¿YA TAN COLORADITOS? MUCHO SOL, ¿VERDAD?
Y... MASSSSOMENO
HOTEL G

DISCULPE, SR., PERO ME PARECE QUE YO A UD. LO CONOZCO... PERO... ¿DE DÓNDE?
1289

BUENO... NNNOSSSÉ... YO TRABAJO EN LAS OFICINAS DE UNA COMPAÑÍA DE SEGUROS

¡AH, NO! ENTONCES ES EVIDENTE QUE LO CONFUNDÍ CON ALGUIEN MÁS VINCULADO A MI PROFESIÓN; ES QUE ASÍ EN SHORTS SOMOS TODOS IGUALES ¿NO? JÉ-JÉ...
SÍ, CLARO. PERDÓN, ¿EL SR. ES........
©QUINO

MÉDICO

¡AH, QUÉ BIEN!

1291

©QUINO

1292

¡HOLA! ¡QUÉ CHIQUITITA SOS! ¿CÓMO TE LLAMÁS?

LIBERTAD
©QUINO

¿SACASTE YA TU CONCLUSIÓN ESTÚPIDA? TODO EL MUNDO SACA SU CONCLUSIÓN ESTÚPIDA CUANDO ME CONOCE

¿ETA NENA?
ESTA NENA ES LIBERTAD, GUILLE
1294

¡Y TENGO BASTANTES MÁS AÑOS QUE VOS! ¿ALGUNA OBJECIÓN A MI TAMAÑO?
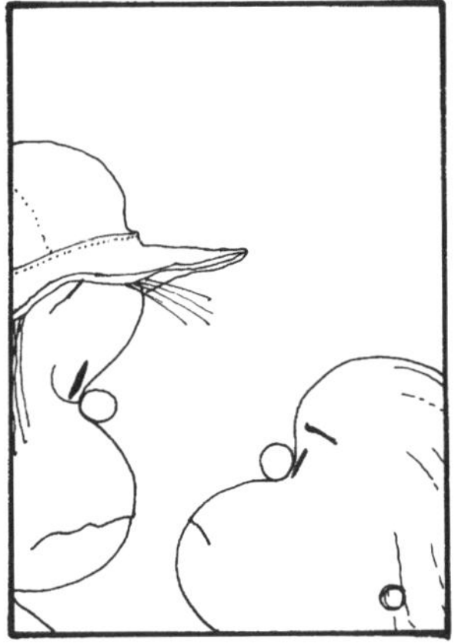

¡MEJOR ASÍ! ¡LOS BAJITOS NO TENEMOS POR QUÉ ANDAR AGUANTÁNDOLES A LOS DEMÁS SU COMPLEJO DE ALTURA!
©QUINO

¿Y SI AGARRAMOS Y DAMOS EL MEJORAZO?

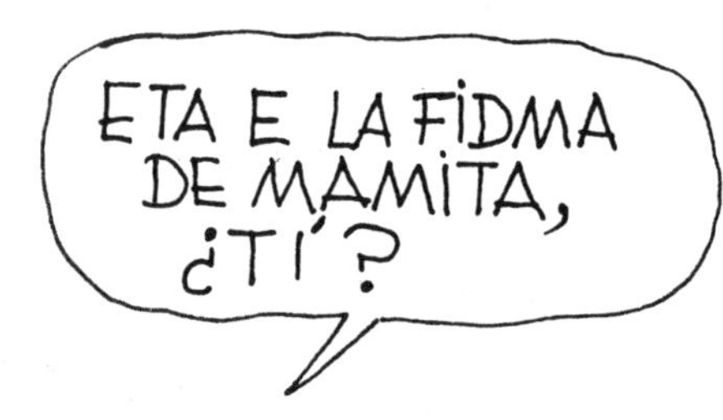
ETA E LA FIDMA
DE MAMITA,
¿TI'?

YO NO ENTIENDO A ESTOS QUE NO SABEN ABURRIRSE SIN MOLESTAR A LOS PECES

¿Y QUIÉN TE DIJO QUE ME ABURRO?

YO A LOS QUE NO ENTIENDO ES A ESTOS QUE NO SABEN ENTRETENERSE SIN MOLESTAR A LOS PECES

¡PIÍÍÍP!
¡PIÍÍÍP!

¡PIÍÍP!
¡PIÍÍP!

PIPÍ
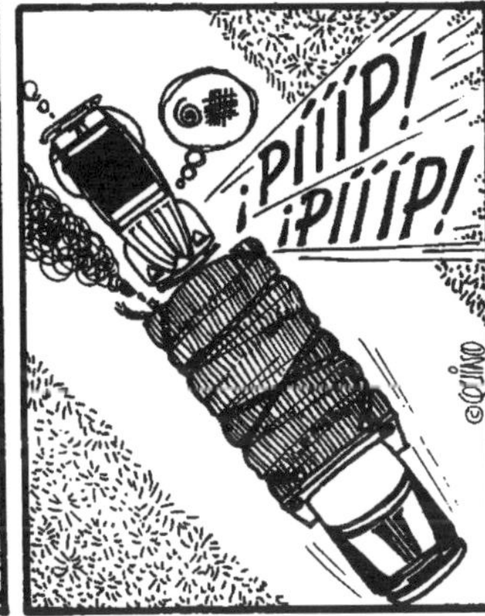
¡PIÍÍP!
¡PIÍÍP!

¡EH, VOLVISTE! ¿QUÉ TAL TU VERANEO?
EL MÍO MUY LINDO, ¿Y EL TUYO?

HOTEL

¡PST!

EL MÍO MUY LINDO, ¿Y EL TUYO?

¿QUÉ PASA?
ME DA MIEDO ENCENDER LA RADIO
1299

SERÍA MUY TRISTE ESCUCHAR UN NOTICIOSO Y VER QUE DURANTE TODOS LOS DÍAS QUE ESTUVIMOS DE VERANEO EL MUNDO NO MEJORÓ NADA

PARA QUE MEJORARA, LOS QUE TENDRÍAN QUE HABERSE IDO DE VERANEO SON LOS QUE LO MANEJAN ASÍ

©QUINO

¿ME FIRMARÍAS UN AUTÓGRAFO?

¡LA MANTECA QUE ME VENDISTE ESTA MAÑANA: RANCIA!
1302

¿RANCIA?
¡NOOOO!...
ÑIF-ÑIF
©QUINO

ES ALCURNIA, QUE LE DICEN

¡MÁZ ZOPITA, MAMÁ!
¡MÁZ!
1303

¡ZÓ-ZÓ-PÍTA!..
¡ZÓ-ZÓ-PÍTA!..
¡ZÓ-ZÓ-PÍTA!..

¡ZÓ-ZÓ-PÍTA....
ZÓ.....Z..Ó....P...I...T....

¡¡ÑÑÑÑÑ!!!

¡¡Ñ......
!

¡¡ZÓ-ZÓ-PÍTA!!
¡ZÓ-ZÓ-PÍTA!...
©QUINO

TOC-TOC
GOLPEAN ¿NO FUNCIONARÁ EL TIMBRE?
1304

?

¡HOLA!, ¿SE ACUERDA DE MÍ? SOY LIBERTAD. NOS CONOCIMOS EN LA PLAYA Y VIVO A DOS CUADRAS DE AQUÍ -"¿A DOS CUADRAS DE AQUÍ? ¡QUÉ CASUALIDAD!"- DIRÁ UD. -"¿VIO?"- DIRÉ YO

PERO NO VINE PARA HABLAR BOBADAS, SINO A VISITAR A MAFALDA, SI ES QUE ESTÁ.
PERMISO

©QUINO

¡AH, OTRA COSA! ¡LO MÍO ES SOLTURA, NO DESFACHATEZ!

HOLA, SUSANITA. TE PRESENTO A LIBERTAD
¡HOLA, LIBERTAD! ESPERO QUE SEAMOS BUENAS AMIGAS
1307

A MÍ ME GUSTA LA GENTE SIMPLE
¿DE VERAS? ¡ME PARECE FANTÁSTICO!

SÉ SIMPLE, ¿A VER? ¡DALE!

©QUINO

¡SONAMOS!

¡GUILLE! ¿VOS ME SACASTE EL MARCADOR NEGRO?

¿QUÉ MADCADOD?

¡SOS UN CARADURA! ¿DÓNDE LO TENÉS?

©QUINO
EN MI DEPACHO

¡LINDA IDEA, DIBUJAR EN EL PISO CON ESA PORQUERÍA DE MARCADOR!... ¡TOTAL!.. ¡ESTÁ MAMÁ QUE LIMPIA! ¿NO?
1310

NO, MAMÁ EZ BUENA. CUANDO VOZ TE ENOJÁZ NO EZTÁ MAMÁ, EZTÁ UNA SEÑODA ENOJADA

¡ENOJADA O NO, YO SOY **SIEMPRE** TU MADRE! ¿ENTENDÉS?
¡NO! ¡ZOY HUEDFANITO!
¡SÑIG!

¡¡BASTA DE TELETEATRO, QUE NO ME DEJAN HACER LOS DEBERES!!
©QUINO

¿PRESENTE INDICATIVO DE *TEMER*?
1313

YO TEMO

¿PRETÉRITO IMPERFECTO DE *PARTIR*?

YO PARTÍA

¿FUTURO PERFECTO DE *AMAR*?

¡HIJITOS!
©QUINO

¿QUÉ ME TRAÉIS? ¡PARDIEZ! ¡LLEVAOS DE AQUÍ VUESTRO VIL BREBAJE!
1314

¡COMO OS PLAZCA, VIVE DIOS; QUE NO SERÉ YO QUIEN QUEDE ENCLENQUE!

¿SE ESTARÁ PSICOANALIZANDO DE INCÓGNITO?
©QUINO

¡BUROCRACIA!
1319

SU LECHUGUITA
©QUINO

VAS A VER QUÉ REGALO NOS TRAJO MI PAPÁ AL GUILLE Y A MÍ, SUSANITA
1320

¡AH, QUÉ MARAVILLA!
TOCALA, NO HACE NADA

¿TOCARLA?
¡PERO SÍ, DALE, NO TENGÁS MIEDO!
¿MIEDO YO?

©QUINO

HOLA, ME DIJO SUSANITA QUE TENÉS UNA TORTUGA Y VENGO A CONOCERLA, ¿QUÉ NOMBRE LE PUSISTE?
BUROCRACIA
1321

¿BUROCRACIA? ¡PERO CHÉ, MIRÁ QUE PONERLE BUROCRACIA! ¿POR QUÉ BUROCRACIA? ¿EHÉ? ¿POR QUÉ?

BUENO, ¿Y?
Y, YA ESTÁ ENCERRADA; TAL VEZ SI HUBIERAS VENIDO ANTES....

¡CÓMO! ¿Y HOY YA NO? ¡ES UNA BARBARIDAD, YO VINE ESPECIALMENTE!
LO SIENTO, TENDRÁ QUE SER MAÑANA. HOY YA ES IMPOSIBLE

¿Y MAÑANA DENTRO DE QUÉ HORARIO, MÁS O MENOS?
Y, MUY BIEN NO SABRÍA INFORMARTE
AJHÁ.... ¡BUEH!... VOLVERÉ MAÑANA

Y AL FINAL NO ME ENTERÉ POR QUÉ LE PUSO ESE NOMBRE
©QUINO

ENTONCES, SEÑORA, ¿NADA MÁS?
NADA MÁS, MANOLITO
1328

PERO DEJÁ, SÍ YO PUEDO...
FALTARÍA MÁS, UNA CLIENTA COMO UD... ¿Y SU ESPOSO? BIEN, ¿NO? HACE TIEMPO QUE NO LO VEO

¡YO TAMPOCO! ¡SE SUPONE QUE BIEN, SÍ!

¡CON *FRIALDAD EMPRESARIA*! ¿CUÁNDO CUERNOS VOY A APRENDER QUE A LOS CLIENTES HAY QUE TRATARLOS CON *FRIALDAD EMPRESARIA*?
©QUINO

¡¡MAMÁ, VINO MAFALDA A JUGAR CONMIGO!!
PARIS
L'EXPRESS
1331

BUEEEEEEEENOOOOOOOO...

¿TAN GRANDE ES ESTE DEPARTAMENTO, LIBERTAD?
©QUINO

NO, PERO NOS HABLAMOS SIEMPRE ASÍ, PARA QUE PAREZCA

¡TACATÍC!-¡TÍC!-¡TITÍKTIK!
¡TÍKITAT-TAK-TÍK-TÍK-TAKÍT!
¿QUÉ ESCRIBE A MÁQUINA TU MAMÁ?
1332

TRADUCCIONES PARA LIBROS, PORQUE LO QUE GANA MI PAPÁ ES PARA PAGAR EL DEPARTAMENTO

MI MAMÁ SABE FRANCÉS. LOS FRANCESES ESCRIBEN LOS LIBROS EN FRANCÉS, ELLA LOS COPIA COMO HABLAMOS NOSOTROS Y CON LO QUE COBRA COMPRA FIDEOS Y ESAS COSAS
©QUINO

HAY UN TIPO.....ESPERÁ, ¿CÓMO SE LLAMA?..... *YANPOL....YANPOL BELMON...* ¡*NO!.... YANPOL...¿ SASTRE*, SE LLAMA?
¡AH! ¿SARTRE?

¡ÉSE! EL ÚLTIMO POLLO QUE COMIMOS LO ESCRIBIÓ ÉL

1334
CONOCÍ EL DEPARTAMENTO DE LIBERTAD ¡ES DE CHIQUITO!
¿AJHÁ?

Y TAMBIÉN CONOCÍ A LA MADRE; TRABAJA, LA MADRE
¿AJHÁ?

SÍ, ES TRADUCTORA DE FRANCÉS
¿AJHÁ?

PORQUE, CLARO, CUANDO SE CASÓ NO ABANDONÓ LOS ESTUDIOS COMO HACEN MUCHAS

SE VE QUE TUVO MÁS VOLUNTAD QUE AJHÁ'SES

1335

¡ÁNIMO, MAMÁ, QUE EL DÍA QUE LA TIERRA SEA DEL QUE LA TRABAJA SERÁS DUEÑA DE UNA POLVAREDA QUE NO TE CUENTO!

SI TE ENAMORASTE DE TU MUJER POR SU SENTIDO DEL HUMOR... ¡QUÉ CHASCO! ¿EH?

1336
¡LA DE GENTE QUE HABRÁ HACIENDO COSAS IMPORTANTES MIENTRAS YO ESTOY AQUÍ TIRADO!

¿NO ME DA VERGÜENZA?

¡AH, CÓMO! ¿NO ME DA?

NUNCA TERMINA UNO DE CONOCERSE

1339

?

©QUINO

¿QUÉ MIDÁZ? ¿NUNCA VIZTE A UN INTELEDTUAL?

POR FAVOR, ¿PUEDEN ALCANZARME LAS PANTUFLAS?
1342

POR FAVOR, MAFALDA, ¿PODÉS ALCANZARLE LAS PANTUFLAS A TU PADRE?

POR FAVOR, GUILLE, ¿PODÉS ALCANZARLE LAS PANTUFLAS A PAPÁ?

POD FAV.....

©QUINO
¡PAF!

¿VOS OÍSTE HABLAR DE LA REVOLUCIÓN SOCIAL? MI PAPÁ A VECES HABLA DE LA REVOLUCIÓN SOCIAL
¿AJHÁ? ¿Y QUÉ DICE?

DICE QUE "LA MASA TRABAJADORA ESTÁ EN MARCHA Y QUE EL PROLETARIADO HARÁ LA REVOLUCIÓN SOCIAL"
AH, Y ¿CUÁNDO?

1344
¿CUÁNDO?

Y, A VECES, CUANDO ESTÁ SENTADO EN EL LIVING, LO DICE
©QUINO

1348
¿VAMOZ A JUGAD?

NO PUEDO, GUILLE, TENGO QUE HACER LOS DEBERES
©QUINO

¡MAMÁ, MAFADDA QUIEDE MÁZ A ZUZ DEBEDEZ QUE A MÍ!

¡NO, GUILLE, NO ENTENDÉS! ¡A VOS TE QUIERO MÁS PERO SI NO HAGO LOS DEBERES, MAÑANA SE ME ARMA UN LÍO ESPANTOSO! ¿COMPRENDÉS?
¡AAH!...

¡MAMÁ, MAFADDA ZE QUIEDE MÁZ A ELLA QUE A MÍ!

¡POR FIN SE DURMIÓ!
¡APROVECHEN AHORA!
¡ANGELITO! ¡ME DA NO SÉ QUÉ!
1351

¿Y SI SE DESPIERTA Y TE PREGUNTA?
¡QUÉ BERRINCHE, POBRE!
¡PERO, NO! ESPEREMOS QUE NO

¡AH! TE RECORTÉ EL TELÉFONO DEL CINE, CUALQUIER COSA LLAMANOS
¡BUENO, CHAU, CHAU! QUE LES GUSTE LA PELÍCULA!

©QUINO
¡AH, CÓMO! ¿NO TE IBAZ CON LOZ VIEJOZ, VOZ?

1355

¿EL ZOL?
HOY ESTÁ NUBLADO, GUILLE; NO HAY SOL

¡ANDÁ TAELO, PAPÁ! ¿ZÍ?

¡PERO, HIJITO, ESO ES IMPOSIBLE! ¿CÓMO VOY A TRAERTE EL SOL?

AH, ¿NO PODÉZ?
Y, NO
©QUINO

¿ME DEJA NEL PIZO, SEÑOD, POD FAVOD?

¡¡AAAAAH!!.. ¡¡GUTEN MORGEN, FELIPEN!! ¡¡KUARENTA UND CINKO MINUTEN TARRRDE!! ¿HEIN?
MEIN KAMPF
1359

¡IÁ, SEÑORITEN, PERO ICH TRAIGO DER JUSTIFIKATIVEN VON MEINE MAMÁ

BIEN, VE A SENTARTE, QUERIDO
LA VACA
ARITMETRA

?
©QUINO

ESTOY EMPEZANDO A SOSPECHAR QUE CUANDO LA MAESTRA PREGUNTA ALGO NO ES PORQUE ELLA NO LO SEPA
1369

DECIME, PAPAFRITA, ¿RECIÉN TE DAS CUENTA DE ESO, O ME ESTÁS TOMANDO EL PELO?

TE ESTOY TOMANDO EL PELO
¡ANDATE AL CUERNO, ENTONCES!

¡¡Y YO CONTESTÁNDOLE TODO A ESA SIMULADORA CON MI ESTÚPIDO TONITO PATERNAL!!
©QUINO

¿A TU PAPÁ? ¡NO ME DIGAS! ¿Y CÓMO LE CHOCARON EL AUTO?
1371

Y, MI PAPÁ IBA POR UNA AVENIDA, Y AL LLEGAR A UNA ESQUINA APARECIÓ DE PRONTO OTRO QUE ¡ZÁS!.......

... LE ABOLLÓ TODO EL PRESUPUESTO DEL MES, LOS NERVIOS, LA ALEGRÍA DE TENER AUTO, EL CARÁCTER, LA CONFIANZA EN LOS DEMÁS Y UN GUARDABARROS
©QUINO

¿Y DIOS HABRÁ PATENTADO ESTA IDEA DEL MANICOMIO REDONDO?

¡MAMÁ, HOY NO TENGO GANAS DE IR A LA ESCUELA!

ME PARECE MUY BIEN, FELIPE; YO TAMBIÉN FUI CHICA

...Y ME ENCANTABA QUE ALGUIEN FALTARA PARA IR Y SENTARME EN SU BANCO

¡JAMÁS LE DARÉ ESA OPORTUNIDAD AL CRETINO DEL GORDITO BARTOLUCCI!!

NUESTRO SUELO ES UNO DE LOS PRINCIPALES PRODUCTORES...¿DE?...

PESIMISTAS

¡¡CERO EN SINCERIDAD!!

¿LO BITLE?
¡AJHÁ!

¿PARA ESTO UNA TRAE UN HERMANO AL MUNDO?

¿TU PAPÁ QUÉ HACE, LIBERTAD?
NO SABE

¡¿CÓMO NO SABE?!
Y, NO; "YO NO SÉ QUÉ HAGO AHÍ", DICE SIEMPRE

"¡AHÍ!", ¿DÓNDE ES "AHÍ"?
"AHÍ EN ESE PUESTUCHO", DICE

PERO... ¿DE QUÉ DIABLOS ES ESE PUESTUCHO?
"DE MORONDANGA", DICE

¡SI PRETENDÉS TOMARME POR IDIOTA TE VAS AL CUERNO! ¿ME OÍS? ¡¡AL CUERNO!!

¿HABRÁ COMO UN RACISMO CONTRA LOS HIJOS DE PADRES CON PUESTUCHO?

PIERDEN SU TIEMPO; AHÍ TAMPOCO ESTÁ LA FELICIDAD

a la Humanidad,
aunque no a toda
QUINO

1388

MÉDICO

1391

LE PARECERÁ TRISTE, RAQUEL, PERO EN MOMENTOS COMO ÉSTE, "MAMÁ" ES TAN SÓLO SU SEUDÓNIMO

¿SABÍAS QUE LAS TORTUGAS TIENEN SANGRE FRÍA?

CON RAZÓN ESA CALMA PARA ASESINAR LA VELOCIDAD

¡GUILLE!
1393

¿PODÉS EXPLICARME DE DÓNDE SALIÓ ESTA MANCHA?

¡AH, CÓMO! ¿NO ZABÉZ? LAZ MANCHAZ LAZ TAEN LOZ GIGANTEZ. ¡EN ZEDIO! ¡VINO UN GIGANTE MUY MUY GAAAANDE, TODO MUGUIENTO, Y LA DEJÓ AHÍ!

© QUINO

¿QUÉ PAZA? EZTO EZ DE CUANDO LE DI LA POPINA

1399

¡¡ZÁS, EL DEBER DE BOTÁNICA!! ¡DEJÉ EL DEBER DE BOTÁNICA SOBRE LA MESA DEL COMEDOR!!

¡AH, NO!.... ¡LO TRAJE, QUÉ SUSTO!

¡UYDIÓ, EL COMPÁS!! ¡HOY TENEMOS GEOMETRÍA Y NO TRAJE EL COMPÁS!

¿JUSTO A MÍ TENÍA QUE TOCARME SER COMO YO?
© QUINO

1401

¿MANDAMOS TODOS LOS DÍAS UN PADRE PARA QUE ESA MALDITA OFICINA NOS DEVUELVA ESTO?
© QUINO

¡¡APROVECHO EL DÍA DE LA MADRE PARA SALUDAR A TODAS LAS MAMÁS!!
1406

...Y PARA RECORDARLES A ALGUNAS SACRIFICADAS QUE FREGAR, PLANCHAR, COCINAR Y TODO ESO.....

..NO QUIERE DECIR FREGARSE LA VIDA, PLANCHARSE LAS INQUIETUDES, FREÍRSE LA PERSONALIDAD Y TODO ESO, ¿SABEN?
©QUINO

¿Y ESTARÁ MIGUELITO? VIVE EN EL 2.º PISO, ¿NO?
SÍ
1410

... ¡¡Y UN DÍA DE ESTOS NO ME LIMPIO LOS PIES ANTES DE ENTRAR, NI GUARDO MIS JUGUETES, NI TENGO CUIDADO CON LA ALFOMBRA, NI CON...

... LAS CORTINAS, NI ME LAVO LAS MANOS, NI LAS OREJAS NI NADA!!

¡¡UN DÍA DE ESTOS DOY EL MIGUELAZO!!
©QUINO

1426
CONCENTRARSE...

...Y NO SENTIR

CONCENTRARSE...

...Y NO S...SÑIF, SÑIF...

¡¡NO ME SALE, EL YOGA!!
©QUINO

1428
¡TERMINÉ EL REPARTO DE TODOS LOS PEDIDOS, PAPÁ!
¿YA?

¡SÍ QUE ME SALISTE BUENO, CONDENADO! ¡VEN UN POCO CON TU PADRE!

¡SMUÓK!

¡ANDÁ, SABANDIJA, VE A JUGAR POR AHÍ, QUE TE LO HAS GANADO!
¡TÚP!

¡MANOLITO!... ¿QUÉ TE PASÓ?
NADA, UN ROUND DE CARIÑO CON MI PAPÁ
©QUINO

TOTAL, GUILLE YA ES GRANDECITO Y NO HABRÁ PROBLEMA EN PONERLO CON MAFALDA
1430

Y VOS DECÍS TRAER AQUÍ SU CAMITA, ¿NO?
CLARO

¡¡LOZ VIEJOZ QUIEDEN QUE VOZ ZEAZ MI ZEÑODA!!
©QUINO

¡OY-OY-OY! ¡QUIÉN ESTÁ ALLÍ!
1433

–HOLA, SIEMPRE TE VEO PASAR POR AQUÍ, ¿CÓMO TE LLAMÁS?
–YO FELIPE, ¿Y VOS?

©QUINO

¡NI MU, LA MUY COBARDE!

¿PIBES? Y, NO... IMAGINATE, POR AHORA VIVIMOS EN UN DEPARTAMENTITO DE UN SOLO AMBIENTE

FLORES PLÁSTICAS
GRAN SURTIDO

ME PREGUNTO SI LA VIDA MODERNA NO ESTARÁ TENIENDO MÁS DE MODERNA QUE DE VIDA

¡PLÍNK!

¡¡AQUÍ ESTÁ!!
¡AH, GACIAZ!

¡¡CHUPETE *ON THE ROCKS*!! ¡LAS COSAS QUE HAY QUE AGUANTARLE!

¡EH, GUILLE; TOMÁ UN POCO DE SÁNDWICH!

AH, NO; EL MORTADELA JAMÁS

¡DEBO LLEGAR AL RANCHO DE MULLIGAN ANTES DE QUE ESOS FORAJIDOS LLEVEN A CABO SU PLAN!

¡OH-OH, QUIÉN SE A ¡GLUP! CERCA!

¡LLEBO DEGAR AL MULLI DE RANCHIGAN ANQUES DE TE SOSE FORALLIVOS JEBEN A PLABO SU CAN!

¡BEGO MULLAR RALANCHO GUE LLUMIQAN DANFEDTISOS

PARTIÓ HACIA LA URSS. UNA DELEGACIÓN DE EE.UU.

¿CÓMO PUEDEN IR A VISITAR A ESOS RUSOS QUE SON TODOS UNOS COMUNISTAS?

¡VAMOS, VAMOS!... QUE SI PARA VOS FUERA NEGOCIO, YA TE VEO ABRIENDO UNA SUCURSAL DEL ALMACÉN DE TU PAPÁ EN MOSCÚ

¿EN MOSCÚ? ¿YO? ¡MIRÁ, NO TE APLASTO LA NARIZ PORQUE SOS MUJER!

¿SAPEVICH KHE ALMACENSKY MANOLOV VENDE BARATIUSHKA?

¿QUÉ TIENE QUE HACER UNA TORTUGA PARA VIVIR? ¡SER TORTUGA!

¿QUÉ TIENE QUE HACER UN GATO PARA VIVIR? ¡SER GATO!

¿QUÉ TIENE QUE HACER UN OSO PARA VIVIR? ¡SER OSO!

¿QUÉ TIENE QUE HACER UN TIPO PARA VIVIR? ¡SER ALBAÑIL, ABOGADO, TORNERO, OFICINISTA O QUÉ SÉ YO!

¿POR QUÉ TENÍA QUE TOCARNOS A LOS HUMANOS EL ESTÚPIDO PAPEL DE SER ANIMALES SUPERIORES?

1461
©QUINO
¿QUÉ HACÉS AHÍ SENTADO ESPERANDO, GUILLE? TODAVÍA FALTA UNA SEMANA PARA QUE SALGAMOS DE VERANEO

¿UNA ZEMANA CUÁNTOZ DÍAZ ZON? ¿AZÍ?

NO, ASÍ

¿ME TRAEDÍAZ UN ALMOHADONZITO, POD FAVOD?

¡GUILLE, VENÍ!
1468

¡¡VAMOS A CONSTRUIR UN CASTILLO!! ¿EH? ¡¡UN CASTILLO EN EL QUE VIVÍA UN REY!! ¡DALE, TRAEME TU BALDE CON LA PALITA!

NO PUEDO TAÉDTELOZ PADA EZTUPIDECEZ; EZTOY HACIENDO DEPADTAMENTOZ
©QUINO

AHÍ BUZCA UN TIPO, CHÉ
1477

BUENAS TARDES, NENA, ¿ESTÁ TU MAMÁ?
DEPENDE
¿CUÁL DE ELLAS?
VENTEX

¿CÓMO **CUÁL?** PERO...¿CUÁNTAS MAMÁS TENÉS?
¡UF!..

UNA A LA QUE ADORO CON TODA EL ALMA...OTRA QUE ME PERSIGUE CON SU SOPA... OTRA QUE ME PROTEGE... OTRA QUE ME PEGA CADA
GRITO...... OTRA QUE ES FELIZ EN SU HOGAR... OTRA QUE VIVE ESCLAVA DE LA CASA.. OTRA QUE..
VENTEX

¿QUIÉN ERA, MAFALDA?
¡BÉH!..

UN VENDEDOR AL QUE LE VENDIERON ESO DE QUE MADRE HAY UNA SOLA
©QUINO

¡CADA VEZ QUE EMPIEZAN LAS CLASES ME AGARRA ESTA MISMA COSA AQUÍ!
1481

¿Y SI FUERA A UN PSICOANALISTA?

¿PODRÍA UN PSICOANALISTA SACARME LA ANGUSTIA DE VOLVER AL COLEGIO?

¿CONSEGUIRÍA UN PSICOANALISTA QUE YO, FELIPE, FUERA A LA ESCUELA CONTENTO Y FELIZ?

¿LOGRARÍA UN PSICOANALISTA TRANSFORMARME EN UN SER TAN REPUGNANTE?
©QUINO

VEAMOS, LIBERTAD; ¿ÉSTE ES UN TRIÁNGULO... ... CÓMO?...
1483

¡COMO DIOS MANDA!

NO, FIJATE MEJOR; SI ESTE LADO, Y ESTE LADO, Y ESTE LADO MIDEN LO MISMO, ¿ES UN TRIÁNGULO......?

¡ABURRIDÍSIMO!

¡¡PERO NO!! "UN TRIÁNGULO CUYOS LADOS SON TODOS IGUALES" ¿ES..........?

¡AH!... ¡SOCIALISTA!
©QUINO

¿TE CONTÉ QUE MI ESPOSO SERÁ EJECUTIVO DE UNA IMPORTANTE EMPRESA?
SÍ, SUSANITA, ME CONTASTE
1489

¿Y QUE VIVIREMOS FELICES EN UN HERMOSO CHALECITO...

...DE LAS AFUERAS, SÍ; ¡TAMBIÉN ME LO CONTASTE YA VARIAS VECES!

©QUINO

¡NO ME DIGÁS QUE SABÉS LO DE LAS TIERNAS MIRADAS QUE EMPEZARÉ A NOTAR ME ECHA MI CUÑADO, PORQUE POR PUDOR NO SE LO CONTÉ NUNCA A NADIE!

¡PZT, MAFADDA! ¿DODMÍZ?
MMNO, GUILLE ¿QUÉ QUERÉS?
1490

DECÍDTE QUE... QUE VOZ... QUE VOZ TE VAZ A LA EZCUELA TODAZ LAZ MAÑANAZ...
SÍ, ¿Y?

Y, NADA, QUE... ¿QUÉ CUEDNOZ HAGO CON EL AGUJEDITO QUE ZIENTO ADENTRO MÍO CUANDO NO EZTÁZ? ¡ZANAHODIA!...

¡¡BUAÁÁ!!....
¡SNIF!
¡UUAÁAA!..
¡ÑIF!
©QUINO

1492

MAMÁ
¿SÍ?

A TODO AQUEL QUE DELIBERADAMENTE *SE REBELARE* Y *NO TOMARE, COMIERE, TRAGARE, ENGULLIERE Y/O SORBIERE* ESTA PORQUERÍA, ¿VOS *LE PEGARES*?
©QUINO

ANOTEN, DEBER PARA MAÑANA, COMPOSICIÓN; TEMA: *LA VACA*
¿OTRA VEZ?
1495

¿HAY DERECHO? ¡UN AÑO Y OTRO AÑO Y OTRO AÑO DELE Y DELE ESCRIBIR SOBRE *LA VACA*! ¿NO HAY OTRO TEMA, DIGO YO? ¡*LA VACA*! ¡SIEMPRE *LA VACA*!
©QUINO

"LA VACA NOS DA LA LECHE"

¿Y LA DE TINTA QUE NOS CHUPA?

¿CÓMO TE FUE HOY EN CLASE, MANOLITO?
BIEN; CREO QUE BIEN
1499

A PROPÓSITO: AMÉRICA SE ESCRIBE SIN H, ¿NO?
¡LA PREGUNTA!. ¡CLARO!

AH, ENTONCES ESTÁ BIEN

américa
América
Manuel Goreiro
©QUINO

©QUINO
1501

OTRA CON SOPOFOBIA, ¿VISTE?

DEMOCRACIA (del griego, demos, pueblo, y Kratos, autoridad) Gobierno en que el pueblo ejerce la soberanía
DICCIONARIO
1503

©QUINO

¡SALUD! ¡AQUÍ LLEGA *EL NUEVO MIGUELITO*!
1504

¡YA ESTABA CANSADO DE SER COMO ERA, ASÍ QUE DECIDÍ DARME UN GOLPE DE ESTADO Y DERROCAR A MI EX-PERSONALIDAD!

¿ESO SIGNIFICA QUE AHORA DEBEREMOS AGUANTARTE **QUÉ** COSAS?
©QUINO

HOLA, MIGUELITO, ¿CÓMO MARCHA TU TRANSFORMACIÓN EN *EL NUEVO MIGUELITO*?
1508

¡CUESTA! ¡HAY SECTORES QUE INTENTAN MANTENER LAS VIEJAS ESTRUCTURAS!

UNO DE ELLOS OPINA QUE O VOY A COMPRAR EL PAN COMO SIEMPRE O NO VEO MÁS TV, ¿NO ME ACOMPAÑÁS A LA PANADERÍA?
©QUINO

¡CHST! ¡BON YÚR, MADMUASÉLL!
1573

¿VISTE? ¡ME COSTÓ, PERO APRENDÍ A SALUDAR EN FRANCÉS!
FELICITACIONES, LIBERTAD

¡ES QUE A MÍ, MÁS ME CUESTA UNA COSA, MÁS ME EMPERRO EN APRENDERLA BIEN!

©QUINO

¡BON YÚR, MADMUASÉLL!

CHUÍÍÍP
CHUÍÍÍP
CHUÍÍÍP
CHUÍÍÍP
CHUÍÍÍP
1523

CHUÍÍÍÍP
CHUÍÍÍP

CHUÍÍÍP
CHUÍÍÍP
BRIGITTE BARDOT

CHUÍÍÍP
CHUÍÍÍP
CHUÍÍÍP
CHUÍÍP
©QUINO

1529

BUENAS TARDES, ¿TU MAMÁ?

NO ES SÓLO MÍA; LA TENEMOS EN CONDOMINIO CON ESTE IRRESPONSABLE
©QUINO

1535

©QUINO

LO BUENO DE LA GEOGRAFÍA ES QUE NOS REGALA UN PASEO MARAVILLOSO SIN SALIR DEL LIBRO
Montaña
Desfiladero
Cascada
Meseta
Caverna
Lago
Colina
Acantilado
Estuario
Río
Cráter
Arroyo
Golfo
Llano
Laguna
Isla
Playa
Bahía
Delta
Rada
Península
Istmo
Mar
Cabo

PARECE QUE LOS MAESTROS SIGUEN MEDIO CON LÍOS GREMIALES ¿NO?
Y, SÍ
1543

¡MIRÁ SI EN VEZ DE PAROS Y HUELGAS LES DIERA POR HACER SABOTAJE Y ENSEÑARNOS TODO MAL!
¿CÓMO TODO MAL? ¿POR EJEMPLO?

"A LOS ADVERBIOS SE LOS DISTINGUE POR SU HIPOTENUSA PECIOLADA DE ORDEN VERTEBRADO"

Y A MÍ EL DÍA MENOS PENSADO ME SACUDEN UN CERO POR NO SABERLO, ¡MECACHO!
©QUINO

1544

SALUD, MANOLITO, ¿POR QUÉ TAN ALICAÍDO?

Sr. Goreiro:
más que hacer los deberes, su hijo los perpetra.
La maestra.

©QUINO

¡PERO GUILLE! ¿QUÉ HACÉS CON EL TELÉFONO
¡ZOY EL CODDOBÉZ!
1542

¡EL CORDOBÉS!... ¿Y CON QUÉ TORO?

©QUINO

¡MI CORBATA A PINTITAS!... ¿¿QUÉ DIABLOS HACE AQUÍ??
1547

¡TSS! ¡QUÉ BARBARIDAD!

¿NO VIZTE UNA ZEDPIENTE QUE HABÍA POD AQUÍ?
©QUINO

BUEN DÍA, ¿QUÉ MUNDO TENEMOS HOY: EL PRIMERO, EL SEGUNDO, EL TERCERO?
1555

NO, ESPEREN

MEJOR VAYAN A ECHAR UN VISTAZO, Y SI HAY LIBERTAD, JUSTICIA Y ESAS COSAS, ME DESPIERTAN, **SEA EL NÚMERO DE MUNDO QUE SEA**, ¿ESTAMOS?
©QUINO

¿QUÉ OPINAN EN TU CASA DE CÓMO ANDAN LAS COSAS?
1562

¡PÚF!

POR LO MENOS SON OPTIMISTAS; EN LA MÍA OPINAN QUE **¡PUAJ!**
©QUINO

1563

¡FÚF!...¡NO HAY CAZO!.. ¡YA NO ZOY EL DE ANTEZ!...

¡PÚH!... ¡NUBLADO!
1570

¡CÓMO!... ¿NO HAY ZOL?
NO

¡PADEZE MENTIDA!... ¡UN SEDVIZIO PÚBLICO!...

LO QUE UNO NO VE ES CÓMO HARÁ EL GOBIERNO PARA MANTENERSE FUERTE
1573

BUENO, POR LO PRONTO, AHÍ PASÓ UN FRASCO DE VITAMINAS

PARA MÍ LO QUE ESTÁ MAL ES QUE UNOS POCOS TIENEN MUCHO, MUCHOS TIENEN POCO Y ALGUNOS NO TIENEN NADA
1582

SI ESOS ALGUNOS QUE NO TIENEN NADA TUVIERAN ALGO DE LO POCO QUE TIENEN LOS MUCHOS QUE TIENEN POCO...

... Y SI LOS MUCHOS QUE TIENEN POCO TUVIERAN UN POCO DE LO MUCHO QUE TIENEN LOS POCOS QUE TIENEN MUCHO, HABRÍA MENOS LÍOS
© QUINO

PERO NADIE HACE MUCHO, POR NO DECIR NADA, PARA MEJORAR UN POCO ALGO TAN SIMPLE

1590

¿NO ME OÍSTE, FELIPE ?... ¡JAQUE !... ¡JAQUE MATE !
¿MMMH?... ¡AH !... ¿YA ?... ¡BUEH !... ¡A SIETE Y MEDIO PAGO !
© QUINO

¡FELIIIPEE, QUE SON LAS SIETE Y CUARTO!
MMSÍ, MMÑA' MMVOY
1596

¡¡ESPEREN, ESPEREN!! ¡LA DEMOLICIÓN ERA EN LA OTRA CUADRA!!
ESCUELA Nº2

¿CÓMO DIABLOS HARÁ MI IMAGINACIÓN PARA DESPERTARSE ANTES QUE YO?
© QUINO

1600

¿LE HABRÁ DADO POR LA POESÍA?

?

HABIENDO OTROS PLANETAS NADIE SE HACE RESPONSABLE DE LOS ACCIDENTES QUE PUDIERA OCASIONAR EL USO DE ÉSTE
©QUINO

¡POR LA POESÍA!

1601

¡¡MAMÁ, ME SAQUÉ UN 10 EN GEOMETRÍA!!

FELICITO!... ¡MMMCHUU

¡¡TE FELIZITO, ARRUINAHOGAREZ!!
©QUINO

1605

¿PENSASTE ALGUNA VEZ QUE ESTOS JÓVENES QUE HOY SUFREN PORQUE LOS ADULTOS NO LES DEJAN CAMINO...

...SON LOS MISMOS QUE MAÑANA, CUANDO SEAN ADULTOS, NO NOS VAN A DEJAR CAMINO A NOSOTROS?

NO, NUNCA LO HABÍA PENSADO
©QUINO

1607
HOLA, MIGUELITO, ¿QUÉ HACÉS MIRANDO ESE CHARCO?
ESTABA DEJANDO MI IMAGEN EN ESTA AGUA
ASÍ, CUANDO SE EVAPORE, CADA GOTITA LLEVARÁ UN POCO DE MÍ A TODO EL AIRE DE LA CIUDAD
©QUINO
CUANDO MAÑANA EN EL NOTICIOSO DIGAN EL PORCENTAJE DE HUMEDAD, YA SABÉS DE QUIÉN ESTARÁN HABLANDO

©QUINO
1611

*

¡¡ME DUELEN MIZ PIEZ!!
1613

¡PERO CLARO, GUILLE, SI TE HAS PUESTO LOS ZAPATOS AL REVÉS!

©QUINO

¡¡ME DUELE MI ODGULLO!!

OPINA UN SECTOR DE LA IGLESIA SOBRE EL CELIBATO SACERDOTAL
1614

¿QUÉ PENSÁS DEL CASAMIENTO DE LOS SACERDOTES, SUSANITA; VOS TE CASARÍAS CON ALGUNO?

¡¡¿PERO QUÉ HACÉS CON LOS BOTONES, DIGO YO?!! ¡¡CATORCE DE UNA SOTANA, NUEVE DE OTRA!!.... ¡¡MÁH!!.. ¡¡PEGÁTELOS VOS!!
© QUINO

NO, YO SOY MUY RESPETUOSA Y JAMÁS CONTRIBUIRÍA A APARTARLOS DE LAS SAGRADAS TAREAS QUE LES IMPONE EL CELIBATO QUE ELLOS SE COMPROMETIERON A MANTENER CRISTIANAMENTE

LADAÍ-LADÍLÁ-DÁÁÁ LADALÍÍÍDA-DOOO LALALÍÍLAAA
1616

¡¡MMMCHUÍÍÍÍÍK!!

¡¡MCHUÓK!

¡CHUÍK! ¡CHUÍK! ¡CHUÍK! ¡CHUÍK! ¡CHUÍK

¡¡A MÍ A CADIÑOZO NO ME VAZ A GANAD!! ¿ME OÍZ?
© QUINO

1618

¿BUSCANDO LAS RAÍCES DE LO NACIONAL?
NO, NENA, UN ESCAPE DE GAS

COMO SIEMPRE: LO URGENTE NO DEJA TIEMPO PARA LO IMPORTANTE
© QUINO

*

1621

AL FIN DE CUENTAS LA HUMANIDAD NO ES NADA MÁS QUE UN SÁNDWICH DE CARNE ENTRE EL CIELO Y LA TIERRA
©QUINO

1623

EL APARATO DIGESTIVO DEL HOMBRE COMPRENDE: LA BOCA, LA FARINGE, EL ESÓFAGO EL ESTÓMAGO, EL INTESTINO GR ESO, PERDÓN, DELGADO Y EL INT TINO GRUESO. EL TUBO DIGEST SEGREGA LOS JUGOS QUE TRA FORMAN LOS ALIMENTOS EN EL C

¡BIEN, FELIPE, MUY BIEN, VEO QUE HAS ESTUDIADO, PUEDES IR A TU ASIENTO!

©QUINO

1625

¡MIS PIEZAS DE MÚSICA!
SCARLATTI

¡MIS TRECE AÑOS!... LA PROFESORA GIAMBARTOLI. ¡POBRE!... ELLA CREÍA QUE YO LLEGARÍA A SER UNA GRAN PIANISTA

©QUINO

¿POBRE **ELLA**?

LA ESFORZADA ESCALADORA ESTÁ A PUNTO DE ALCANZAR LA CUMBRE
1628

EN ESTAS ALTURAS LA FALTA DE OXÍGENO HACE DIFICULTOSA LA RESPIRACIÓN

PERO FINALMENTE LA PROEZA SE CONCRETA

LA ESFORZADA ESCALADORA DESCIENDE VICTORIOSA. ABAJO LA ASEDIA EL PERIODISMO

A TRAVÉS DE ESTE MICRÓFONO HAGO PÚBLICO MI RECONOCIMIENTO A LAS AUTORIDADES QUE TAN BIEN SABEN MANTENER LAS CONDICIONES PARA EL LOGRO DE HAZAÑAS COMO ÉSTA

©QUINO
?

ANOCHE ESTORNUDÉ UN PAR DE VECES
1634

¿Y QUIÉN VINO Y ME PREGUNTÓ SI HABÍA TOMADO FRÍO, Y ME PUSO LA MANO EN LA FRENTE Y ME MIRÓ LA GARGANTA, EHÉÉÉ?
¿QUIÉÉÉÉÉÉN?

¡¡MI PAPÁ!!

¡¡¡ÑÑÑÑÑÑÑÑH!!!... ¿VISTE COMO NO SOS HIJO ÚNICO?
©QUINO

1638

¡RACISTAS!
©QUINO

OH, FELIPE, ¿NO SERÍA MARAVILLOSO QUE ENTRETEJIÉRAMOS NUESTRAS VIDAS?
1643

DEPENDE, ¿CON QUÉ PUNTO?

¡ESTÚPIDO!

©QUINO

1647

MAFADDA

CUANDO UN PAÍZ ZE GAZTA, ¿ADÓNDE LO TIDAN?
©QUINO

EN MI CASA SIEMPRE LA MISMA HISTORIA: CADA DOS POR TRES SE DESCOMPONE EL LAVARROPAS
1649

VIENE EL HOMBRE, LO ARREGLA, MI MAMÁ DICE: "QUÉ BARBARIDAD, UD. CADA VEZ ME COBRA MÁS", Y EL OTRO CONTESTA: "QUÉ QUIERE, SEÑORA, COMO ANDAN LAS COSAS", Y TERMINAN LOS DOS HABLANDO DE LO MAL QUE ESTÁ TODO

LA CUESTIÓN ES QUE CADA VEZ QUE ME PONGO ROPA LIMPIA SIENTO COMO QUE ANDO POR AHÍ TODA VESTIDA DE CRISIS
©QUINO

ESTOY EMPEZANDO A SOSPECHAR QUE PARA EDUCARNOS LOS GRANDES SON UNOS CÓMODOS, FELIPE
¿UNOS CÓMODOS?
1652

Y, SÍ: ELLOS VIENEN Y TE ENSEÑAN QUÉ ES BUENO Y QUÉ ES MALO

PERO LUEGO TE LARGAN PARA QUE VOS SOLITO TE LAS REBUSQUÉS COMO PODÁS EN APECHUGAR CON LO BUENO QUE TIENE LO MALO Y LO MALO QUE TIENE LO BUENO
©QUINO

1655

©QUINO

¿QUÉ PASA?
NADA, ME PARECIÓ QUE EL MUY CRETINO SE SONREÍA

VOS ERAS MARY, LA MUCHACHA QUE HABÍA HEREDADO "RODEO RANCH" CON CIENMIL CABEZAS DE GANADO
OKEY
1662

VOS ERAS PETE JOE, Y CON UNA TRIQUIÑUELA HABÍAS DESPOJADO A MARY DE "RODEO RANCH"
VERISGÜEL

YO ERA EL SHERIFF, DESCUBRÍA TODO Y LUEGO DE UN TIROTEO TE CAPTURABA EN TU GUARIDA ¿ENTENDIDO? ¡VAMOS!

¡ENTRÉGATE, PETE!
¡BANG! ¡BANG! ¡BANG! ¡BANG! ¡BANG!

¡POR FIN LA JUSTICIA ME DARÁ A MÍ LO QUE ES MÍO
Y A PETE JOE SU MERECIDO!

NO SERÁ TAN FÁCIL, MARY: LA GUARIDA Y "RODEO RANCH" ESTÁN A NOMBRE DE UN TESTAFERRO
©QUINO

¡AAAAH! ¡UNOS DÍAS MÁS Y NOS VAMOS DE VACACIONES!
¿PADA QUÉ?
1666

¡LA PREGUNTA!... ¡PARA DESCANSAR, GUILLE! ¡¡PARA DES-CAN-SAR!!

©QUINO

MAFADDITA, ¿DE QUÉ EZTAMOZ CANZADOZ?

1667

©QUINO

1671

©QUINO

AQUELLOS ENSAYARON ESTO
SE LUCHA POR AHÍ
FUERZAS DE TAL PARTE ATACARON A LAS DE TAL OTRA, MIENTRAS QUE EN OTRO LADO LOS DE MÁS ALLÁ COMBATEN CONTRA TROPAS DE MÁS ACÁ
ASÍ ES LA COSA, MAFALDA

EL INSPECTOR CARSON, DE SCOTLAND YARD, MORDISQUEÓ SU QUÉ BIEN ESTÁ LA MÁS BAJITA DE SCOTLAND YARD, MOR-DISQUEÓ SU PIPA Y ESE GORDO TENÍA QUE PARAR-SE JUSTO DELANTE
1673

EL INSPECTOR CARSON, DE SCOTLAND YARD, MORDIS-QUEÓ SU PIPA Y AHÍ SE VA EL GORDO, BÁRBARA ESTÁ PECTOR CARSON, DE SCOTLAND YARD, MOR-DISQ TAMBIÉN CON ESA BIKINI EL INSPECTOR CARSON, DE SCOTLAND ZÁS, AHORA PARECE QUE ESTÁN POR IRSE SU PIPA Y MIRÓ A TRAVÉS DE LA VENTANA
LA SEXTA SEÑAL

¿SE IRÁN? CARSON, DE SCOTLAND YARD, MORDIS SE VAN NOMÁS, QUÉ LÁS-TIMA, CON LO BIEN QUE ESTABA.... Y, BUÉH...

EL INSPECTOR CARSON, DE SCOTLAND YARD, MORDISQUEÓ SU PIPA Y MIRÓ A TRAVÉS DE LA VENTANA

PERO ESTO.....
©QUINO

¡¡A VER SI HICE LA MACANA DE COMPRAR UNA NOVELA POLICIAL QUE YA LEÍ!!...

*

1676

¡PZT! ¡A PAPÁ ZE LE EZTÁ PELANDO LA EZPALDA! ¿POD QUÉ?
POR EL SOL, GUILLE, ¡POR QUÉ VA A SER!...

QUÉ ZÉ YO..... MALA CALIDAD
©QUINO

1678
¡BUÁÁÁH!

¡TODOS QUISIÉRA-MOS QUEDARNOS, GUILLE, PERO NO PODEMOS!
¿POD QUÉ NO?

PORQUE YO TENGO QUE VOLVER A TRABAJAR
Y YO A PREPARARME PARA LA ESCUELA
Y YO A OCUPARME DE LA CASA, ¿ENTENDÉS?
ZÍ

HOTEL

¡BUUÁÁÁÁH!..
©QUINO

1687

U¡ÚÚÚJUUUH!..

¡MCHUÍK!

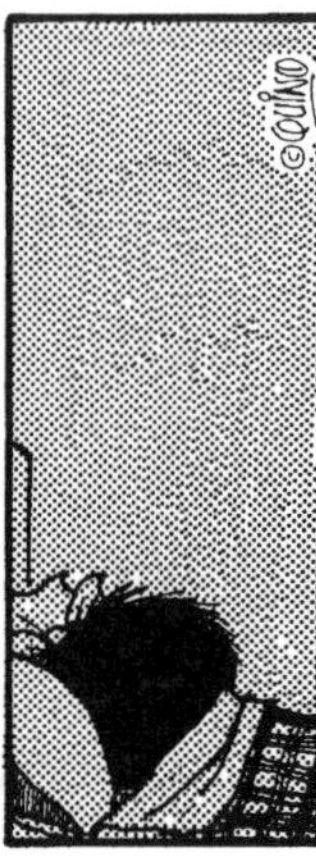
©QUINO

LO BUENO DE ESTOS PRIMEROS DÍAS DE CLASE ES QUE LA MAESTRA TODAVÍA NO CONOCE BIEN A CADA ALUMNO
1688

PARA ELLA POR AHORA SOMOS TODOS MÁS O MENOS IGUALES. NO HAY MEJORES, NI PEORES, NI NADA

HASTA ES CAPAZ DE PENSAR QUE TAL VEZ YO PUEDO LLEGAR A SER EL PRIMERO DEL GRADO

©QUINO

¡LA MUY BESTIA! ¡YO!...¡YO EL PRIJÁH-JÁH-JÁH-JÁH DEL GRAJÁH-JÁH-JÁH

1689

¡SSSHHH!... LOGRAMOS ACERCARNOS AL CAMPAMENTO COMANCHE SIN SER DESCUBIERTOS

¡PST, HEY, FELIPE! ESTABA PENSANDO... ¿POR QUÉ YA QUE TENEMOS ARMAS NO DEJAMOS ESTA ESTUPIDEZ Y JUGAMOS A LA REVOLUCIÓN SOCIAL?
©QUINO

VEAMOS LOS PUNTOS CARDINALES, ¿EL SOL SALE POR....
LA MAÑANA
1691

¡PERO NO! ¡LA MAÑANA NO ES UN PUNTO CARDINAL!
AH, ESO AL SOL NO LE IMPORTA: ÉL SALE IGUAL

SÍ, BUENO, PERO ¿POR DÓNDE?
POR LA VENTANA DEL LIVING
¡ESO VISTO DESDE TU CASA!
Y, SÍ. A MI EDAD NO TENGO MUCHAS POSIBILIDADES DE AMANECER EN OTRO LADO

ANDÁ A TU ASIENTO, POR FAVOR

LÁSTIMA; CHARLAR CON USTED ME FASCINA
©QUINO

*

¡BUÉH!... UN POCO DE RESPONSABILIDAD Y A EMPEZAR EL DEBER DE GEOMETRÍA
1695

"RESPONDE: ¿CUÁNDO UN TRIÁNGULO ES ISÓSCELES?"

CUANDO FELIPE KID LLEGA JUSTO A TIEMPO DE IMPEDIR QUE CARROÑA JOE SE ALCE CON LA HIPOTENUSA

¡YA TUVE QUE DEJARME INFLUENCIAR POR MÍ!
©QUINO

AQUÍ HABLAN DEL ESPERANTO ¿QUÉ CORCHOS SERÁ ESO?
1697

ES UN IDIOMA UNIVERSAL

AH, ¿BÁNG?
©QUINO

1701
¿NO EZ INCREÍBLE TODO LO QUE PUEDE TENED DENTRO UN LÁPIZ?
©QUINO

¡LOS PRINCIPALES RÍOS DEL MUNDO! ¿PARA QUÉ CORCHOS TENEMOS QUE APRENDER LOS PRINCIPALES RÍOS DEL MUNDO?
1703

¡TODO POR ESA MALDITA MANÍA QUE TIENEN DE ANDAR PONIÉNDOLE NOMBRES AL AGUA!

TODA LA TARDE DE AYER ESTUDIANDO ¿Y PARA QUÉ? ¡SÍ, YA SÉ: LA CULTURA ESTO Y LA CULTURA AQUELLO!

PERO EL DÍA DE MAÑANA... ¿QUÉ UTILIDAD PUEDE REPORTARLE A UNO HABER APRENDIDO QUE EL EVEREST ES NAVEGABLE?
©QUINO

*

1704
MÑBSBS-BMÑSBSBS MBSÑ-ÑBSBSMÑSB ¡CADAMBA, QUÉ BIEN!

¿A QUIÉN QUERÉS HACER CREER QUE SABÉS LEER, GUILLE?

¡TENGO IMAGINAZIÓN! ¿VEDDAD? ¡PUEDO IMAGINADME QUE EL DIADIO TRAE LAZ NOTIZIAZ QUE A MÍ ME DA LA GANA ZOBRE EL MUNDO Y LA POLÍTICA Y LOZ CADAMELOZ Y EL GOBIEDNO Y TODO!

¿AJHÁ? ¿Y DEL PRESIDENTE, POR EJEMPLO, QUÉ DICE HOY EL DIARIO?

¡POD FAVOD!... ME PONE POD LAZ NUBEZ, COMO ZIEMPRE
©QUINO

1717

ENZO
PUFI
LUCHADOR INCANSABLE
DE PRECLARAS IDEAS

ASÍ, CUALQUIERA. EL MÉRITO ES ESTAR CANSADO Y SEGUIR LUCHANDO
©QUINO

BIEN, AHORA GUARDEN TODOS SUS ÚTILES
1719

MENOS LÁPIZ, GOMA DE BORRAR Y UNA HOJA EN BLANCO EN LA QUE ANOTARÁN: "PRUEBA ESCRITA"

PERDÓN, ¿Y SI APELÁRAMOS A LA SENSATEZ Y DEJÁRAMOS LA COSA PARA OTRO DÍA?

DIGO..... PARA EVITAR UN INÚTIL DERRAMAMIENTO DE CEROS
©QUINO

¡Y DALE CON LA POLÍTICA! ¡Y DALE CON LA POLÍTICA! ¡¡ME TENÉS PODRIDA CON LA POLÍTICA!!
1722

"¡LA POLÍTICA ES UN DESASTRE!..." "¡LA CULPA DE TODO LA TIENE LA POLÍTICA!..." "¡LA POLÍTICA ESTO, LA POLÍTICA AQUELLO!..."
©QUINO

¿SABÉS LO QUE PARECÉS? ¡LA NUERA DE LA POLÍTICA! ¡ESO PARECÉS!

POBRE, QUÉ MOLESTO DEBE SER PARA VOS NO PODER RASCARTE CUANDO TE PICA ALGÚN LUGAR
1724

¿NO QUERÉS QUE TE RASQUE EL ULSTER, POR EJEMPLO?

©QUINO

¡NO SÉ QUIÉN ME MANDA A PREGUNTARLE NADA!
SGRACH
SGRACH
GRACH
GRACH
SGRACH
GRACH
SGRACH
GRACH

1727

¿Y ESTE CAMIÓN CON MANGUEDA?

ES POR SI HAY SEMBRADA VIOLENCIA, GUILLE. PARA ARRANCARLA DE RAÍZ, APENAS APARECEN BROTES ESTOS SEÑORES VAN Y LOS RIEGAN

COMO MÉTODO AGRÍCOLA ES ALGO CONTRADICTORIO, PERO HAY TANTAS COSAS CONTRADICTORIAS QUE NO VALE LA PENA PREOCUPARSE
©QUINO

EN MI CASA TODOS LOS MESES LO MISMO
1728

ENTRA MI PAPÁ CON EL SUELDO, SE LO PASA A MI MAMÁ, MI MAMÁ LO RECIBE, CONTROLA BIEN...

AVANZA MI MAMÁ UNOS DÍAS, VA MIDIENDO EL SUELDO, APARECE UNA CUENTA, LA PAGA, SIGUE AVANZANDO MI MAMÁ, SIEMPRE PAGANDO ATRAVIESA LA MITAD DEL MES....

UN COBRADOR TRATA DE INTERCEPTARLA, ENFRENTA A MI MAMÁ... ¡MI MAMÁ LO ELUDE! ¡SIGUE SU AVANCE SIEMPRE CON SUELDO DOMINADO! ¡TRATA DE LLEGAR A FIN DE MES!...

¡GRAN EMOCIÓN!... ¡SE VA ACERCANDO MI MAMÁ CON EL SUELDO!... ¡PUEDE SER! ¡VA LLEGANDO! ¡PUEDE SER!... ¡LO ESTIIIRAAAA!...

... ¡CUANDO SE INTERPONE EL DÍA 26 Y ENVÍA EL SUELDO AL CORNER!
©QUINO

1737

¿ADÓNDE VAS TAN APURADO, GUILLE?

NO SÉ, PERO HOY EN DÍA NO HAY TIEMPO QUE PERDED

¡MECACHO, QUÉ GENERACIÓN!

¡BÁNG! ¡BÁNG! ¡BANG! ¡BÁNG! ¡BÁNG! ¡BÁNG! ¡BANG! ¡BÁNG! ¡BÁNG! ¡BÁNG! ¡BÁNG! ¡BÁNG! ¡BÁNG! ¡BÁNG! ¡BÁNG! ¡BÁNG! ¡BÁNG!
1739

¡ÉÉÉÉÉÉÉH!... ¿DÓNDE VISTE QUE UN REVÓLVER DISPARE TANTAS BALAS SIN RECARGARLO? ¡UN POCO MÁS DE REALISMO, CARAMBA!

BUENO, SI ES POR ESO TAMPOCO ES HORA DE ESTAR TIROTEÁNDONOS EN UN SUPUESTO DESFILADERO DE ARIZONA, SINO DE IR A TOMAR LA LECHE

REALISMO, DIJE, NO REALIDAD

¡SALUD, SUSANITA! ¿QUÉ CONTÁS DE BUENO?
1942

ME ALEGRA TU PREGUNTA PORQUE JUSTAMENTE HOY ME SIENTO AUTOBIOGRÁFICA. YA DESDE MI MÁS TIERNA INFANCIA DEMOSTRÉ MI CARÁCTER; TENDRÍA YO COSA DE AÑO Y MEDIO CUANDO CIERTA MAÑANA EN QUE ME ENCONTRABA...

¡¡DIJE QUE NO ME VOY A BAÑAD Y NO ME VOY A BAÑAD!!
1749

©QUINO

"LLUEVE, HIJO. SERÁ MEJOR QUE TE QUEDES EN CASA EN LUGAR DE IR A LA ESCUELA, ¿EH?"
1753

LLUEVE, HIJO. SERÁ MEJOR QUE TE LLEVES EL IMPERMEABLE, ¿EH?
©QUINO

SI NO FUERA POR UN LEVE MATIZ, DIRÍA QUE CONOZCO A MI MAMÁ COMO A LA PALMA DE MI MANO

1755

SÍ, BUENO, TRABAJAR PARA GANARSE LA VIDA, CLARO

¿PERO POR QUÉ ESA VIDA QUE UNO SE GANA TIENE QUE DESPERDICIARLA EN TRABAJAR PARA GANARSE LA VIDA?
©QUINO

1756

MAMÁ, CUANDO CONOCISTE A PAPÁ ¿SENTISTE QUE TE DEVORABAN LAS LLAMAS DE LA PASIÓN, O APENAS QUE ALGO SE TE TOSTABA?
©QUINO

HOLA, ¿CÓMO TE LLAMÁS?
MAFALDA
1757

QUÉ BIEN, ¿Y VAS A LA ESCUELA?

SÍ, CLARO. ¿Y UD. PAGA TODOS SUS IMPUESTOS?

ÉL EMPEZÓ A HABLAR DE OBLIGACIONES
©QUINO

¡BASTA DE CENSU
1760

ENSU
O SE LE ACABÓ LA PINTU, O NO PU TERMI POR RAZO QUE SON DEL DOMIN PUBLI
©QUINO

1763

PARECIERA QUE HOY MI IMAGINACIÓN PIENSA HACERME PASAR UNO DE ESOS DÍAS MOVIDITOS

HOY EN EL DIARIO SALE UNA NOTICIA DEPRIMENTE: *EN TODO EL MUNDO TRABAJAN 43 MILLONES DE CHICOS EN CONDICIONES DEFICIENTES*
1766

¿TE DAS CUENTA? ¡Y ES UN INFORME DE LA ORGANIZACIÓN INTERNACIONAL DEL TRABAJO Y QUÉ SÉ YO! ¡43 MILLONES DE CHICOS DEBEN TRABAJAR PARA VIVIR!

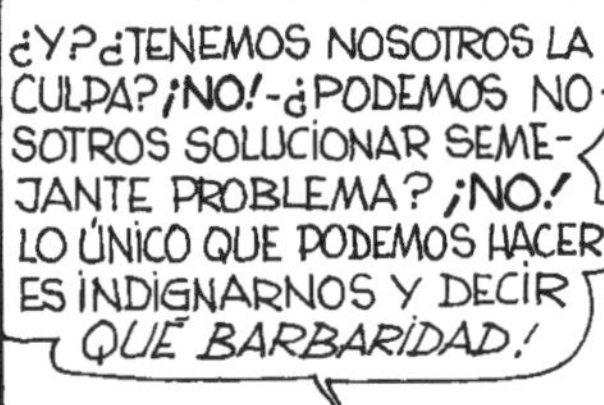
¿Y? ¿TENEMOS NOSOTROS LA CULPA? ¡NO! - ¿PODEMOS NOSOTROS SOLUCIONAR SEMEJANTE PROBLEMA? ¡NO! LO ÚNICO QUE PODEMOS HACER ES INDIGNARNOS Y DECIR *¡QUÉ BARBARIDAD!*

¡QUÉ BARBARIDAD!

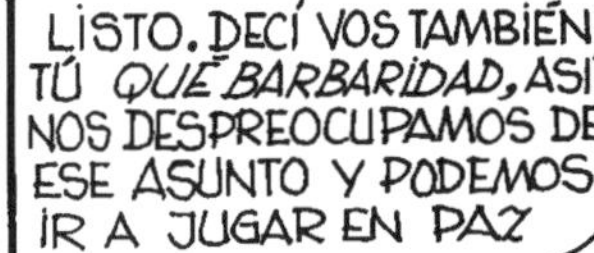
LISTO. DECÍ VOS TAMBIÉN TÚ *QUÉ BARBARIDAD*, ASÍ NOS DESPREOCUPAMOS DE ESE ASUNTO Y PODEMOS IR A JUGAR EN PAZ

1770

TIENE LA TEORÍA DE QUE PEINARSE CON PEINE PINCHA LAS IDEAS

SE ACERCA EL 12 DE OCTUBRE Y CADA AÑO LA MISMA HISTORIA
Composición
Tema:
Cristóbal Colón

1771

Hace muchísimos años Colón inbentó que la Tierra era toda redonda

Entonces agarró y empezó a machacar con que la Tierra es redonda y con que la Tierra es redonda, pero nadie le creía

Lo triste es que al final resultó que era redonda no más y el pobre nunca vio un centavo de "royalty". Fin
©QUINO

LARÁ-LARÍ LAA
LADÍ LADÓÓÓ
1772

POPÓM POPÓM
TADÓDA DÍÍÍIDA

PADÍM-PODÓM POPÓM-PAPÁM,
POPOÓM

¿NO LES ENSEÑARON SUS PADRES UN POCO DE URBANIDAD?
LADÁA LADÍÍÍ

SÍ, PERO POR SUERTE NOS URBANIZARON SIN PAVIMENTARNOS LA NATURALIDAD
LA DÁ-TA
©QUINO

1779
Y, CLARO, EL DRAMA DE SER PRESIDENTE ES QUE SI UNO SE PONE A RESOLVER PROBLEMAS DE ESTADO NO LE QUEDA TIEMPO PARA GOBERNAR
©QUINO

MAMÁ, ¿VOS QUÉ FUTURO LE VES A ESE MOVIMIENTO POR LA LIBERACIÓN DE LA MUJNO, NADA, OLVIDALO

¡MOVIMIENTO POR LA LIBERACIÓN DE LA MUJER!.... ¡VÁLGAME DIOS, YA NO SABEN QUÉ INVENTAR!

SI QUERÉS A TU MARIDO, ¿ES ESCLAVITUD VIVIR COCINANDO, LAVANDO, PLANCHANDO Y FREGANDO PARA ÉL?
¡NO!

Y SI NO LO QUERÉS, ¿TENÉS DERECHO A SENTIRTE LIBRE Y ABANDONARLO? ¡TAMPOCO! PRIMERO PORQUE SERÍA ATENTAR CONTRA LA FAMILIA, BASE DE LA SOCIEDAD

Y SEGUNDO PORQUE SERÍA DESPERDICIAR LA VENTAJA DE TENERLO SIEMPRE A MANO PARA AMARGARLE LA VIDA CADA VEZ QUE TE DÉ LA GANA

BUENAS, MANOLITO, ¿TENÉS ESE JABÓN EN POLVO QUE ANUNCIAN POR TELEVISIÓN?

¿CUÁL, EL DE BLÍN-BLÍN "PULCRILIMP"?

NO, ESE OTRO DE
SE COOOMEN SE COOOMEN
SE COOOMEN LA MUGRECITA
LAS BURBUJITAS DE "SAVONEX"

Y PENSAR QUE HAY PROFESIONES EN LAS QUE SE PUEDE ESTAR ACTUALIZADO SIN NECESIDAD DE ESTAR RIDÍCULAMENTE ACTUALIZADO

a Mafalda, Felipe, Manolito,
Susanita, Miguelito, Guille
y Libertad.

QUINO

¿A USTEDES NUNCA LES PASA SENTIRSE MEDIO INDEFINIDOS?

A MÍ NUNCA VA A PASADME NADA MALO PODQUE VOS SIEMPRE VAS A PROTEGEDME, ¿VERDAD, PAPÁ?

¡CLARO, HIJITO!

ESTE POLVO QUE SACAN TODOS LOS DÍAS, ¿DE DÓNDE SALE?

¿CÓMO DE DÓNDE SALE? ES HOLLÍN Y TIERRA QUE ENTRAN DE AFUERA, GUILLE

¡IIIIÚÚÚJU!..

¡YO SIEMPRE PENSÉ QUE SALÍA DE NOSOTROS, QUE NOS ÍBAMOS GASTANDO DE A POQUITITO!

EL COMBUSTIBLE SE HACE CON PETRÓLEO NACIONAL, ¿NO?
SÍ, CLARO

BUENO, AL MENOS ES UN ALICIENTE FOLKLÓRICO SENTIR QUE A UNO SE LE LLENA EL PECHO DE ALGO QUE VIENE DE LA ENTRAÑA MISMA DE LA PATRIA

¡PERO LIBERTAD, LO ESTÁS PONIENDO AL REVÉS!

¿AL REVÉS RESPECTO DE QUÉ? LA TIERRA ESTÁ EN EL ESPACIO, Y EL ESPACIO NO TIENE NI ARRIBA NI ABAJO

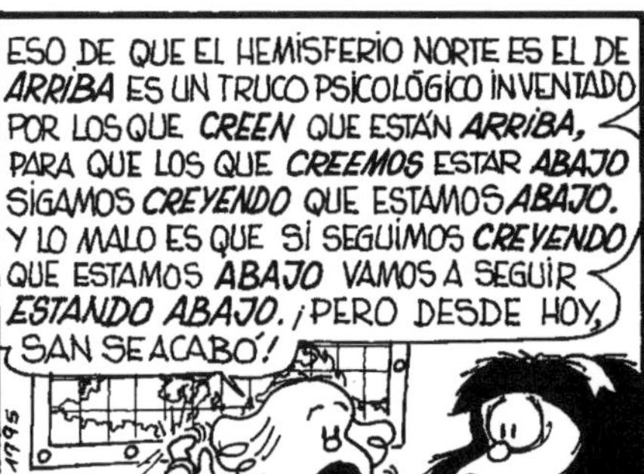
ESO DE QUE EL HEMISFERIO NORTE ES EL DE ARRIBA ES UN TRUCO PSICOLÓGICO INVENTADO POR LOS QUE CREEN QUE ESTÁN ARRIBA, PARA QUE LOS QUE CREEMOS ESTAR ABAJO SIGAMOS CREYENDO QUE ESTAMOS ABAJO. Y LO MALO ES QUE SI SEGUIMOS CREYENDO QUE ESTAMOS ABAJO VAMOS A SEGUIR ESTANDO ABAJO. ¡PERO DESDE HOY, SAN SEACABÓ!
1795

¿DÓNDE ESTABAS, MAFALDA?
NO LO SÉ, PERO ALGO ACABA DE SANSEACABARSE
©QUINO

1803

©QUINO

¿Y EL PASTOR QUE LAS CUIDA A USTEDES ES CASADO? ¿TIENE HIJITOS? ¿QUÉ TAL ES LA MUJER? ¿CÓMO SE LLEVAN? ¿Y A USTEDES QUÉ TAL LAS TRATAN? ¿A LO MANOLITO, NOMÁS, O BIEN? ¿SABÍAN QUE EN LA ESCUELA NOS HABLAN SIEMPRE DE USTEDES? POR LO DE LA LANA Y TODO ESO, CLARO. MI MAMÁ SIEMPRE TEJE CON LANA. ES GENIAL, LA LANA. MEJOR QUE EL NYLON. CLARO QUE UNA NOVIA CON VELO DE LANA SE VERÍA RIDÍCULA, Y ADEMÁS EL NOVIO NO SABRÍA CON QUIÉN SE ESTÁ CASANDO, AUNQUE ESO LES PASA A MÁS DE CUATRO, QUE LA NOVIA TIENE CARA DE UNA COSA Y DESPUÉS RESULTA OTRA, COMO LE OCURRIÓ AL HIJO

1810

BUENO, ¿QUÉ LES PASA? VIVIMOS EN UN PAÍS EN EL QUE HAY LIBERTAD DE CULTOS, ¿NO?
©QUINO

1817

MAFALDA, ¿VOS ME SACASTE EL CENTÍMETRO DEL COSTURERO?

¡SONAMOS!... ¡UNA VEZ QUE NOS HABÍAMOS ACOSTUMBRADO A JUGAR CON RELOJ, TENER QUE DESARMARLO!
¡LÁSTIMA!
© QUINO

¿ME ESCRIBÍS LA CARTA PARA LOS REYES MAGOS, PAPÁ?
¡CLARO, HIJITO! DAME

QUERIDOS REYES MAGOS
QUERIDOS REYES MAGOS:
¿QUÉ LES PEDÍS, GUILLE?
1820

TODO

¿CÓMO TODO? ¿TODO QUÉ?
TODO LO QUE TENGAN

¡PERO, GUILLE! ¿CÓMO VAN A TRAERTE A VOS TODO LO QUE TENGAN? ¡DEBEN REPARTIRLO ENTRE TODOS LOS CHICOS DEL MUNDO! PODÉS PEDIRLES UNA O DOS COSAS, PERO NO **TODO**, ¿ENTENDÉS?
© QUINO

ENTIENDO, TACHÁ *QUERIDOS*

¡CAMBIAR EL MUNDO! ¡JA!... ¡COSAS DE LA JUVENTUD!
1822

TAMBIÉN YO CUANDO ERA ADOLESCENTE TENÍA ESAS IDEAS, Y YA VE...

¡SONAMOS, MUCHACHOS! ¡RESULTA QUE SI UNO NO SE APURA A CAMBIAR EL MUNDO, DESPUÉS ES EL MUNDO EL QUE LO CAMBIA A UNO!
© QUINO

MAMÁ, A VOS LA POLÍTICA TE IMPORTA UN PITO, ¿NO?
1823
© QUINO

NO ES QUE ME IMPORTA UN PITO, MAFALDA, SINO QUE YO DE POLÍTICA NO ENTIENDO NADA

BUENO, PERO SI NO TE INTERESÁS, NUNCA VAS A ENTENDER
SÍ, CLARO, PERO ¡JUSTO ESO ME FALTARÍA A MÍ! ¡¡ADEMÁS DE TODAS LAS TAREAS DE LA CASA, ENCIMA LA POLÍTICA!!

¡AH! ¿Y TE PARECE BONITO QUE MIENTRAS VOS MANEJÁS BIEN TU CASA, OTROS MANEJEN TU PAÍS COMO LES DA LA GANA?

NO, PERO SI ADEMÁS DE LIMPIAR, LAVAR, PLANCHAR, HACER LA COMID... SNIF, SNIF...
¡LA COMIDA!!

PIZZA
PAPÁ, ¿A VOS LA POLÍT... NO, NADA

¡ES ABSURDO! ¿POR QUÉ LOS CHICOS NO PODEMOS VOTAR?
¡BIEN DICHO!
¡AHÍ ESTÁ!
¡ESO! ¿POR QUÉ?
1826

¿ACASO NOSOTROS NO FORMAMOS TAMBIÉN PARTE DEL PAÍS?
¡SÍ SEÑOR!
¡MUY BIEN!
¡BRAVO!

¿ACASO NO SOMOS TAN CIUDADANOS COMO EL QUE MÁS?

¡SÍ QUE SOMOS!
¡CLARO QUE SÍ!

¿Y TAN DEL PUEBLO COMO CUALQUIERA?

¡AH, NO! ¡A MÍ, INSULTOS NO!
© QUINO

1829

¡CÓMO!... ¿MURIÓ? PERO... ¿CUÁNTOS AÑOS TENÍA?
© QUINO

¿QUÉ IMPORTAN LOS AÑOS? LO QUE REALMENTE IMPORTA ES COMPROBAR QUE AL FIN DE CUENTAS LA MEJOR EDAD DE LA VIDA ES ESTAR VIVO

¡PST!
¿QUÉ PASA, GUILLE?
1831

¡SOY EL HOMBRE INVISIBLE!

¡UY, CIERTO! ¡ES INCREÍBLE!

¡FHUIÚH!
©QUINO

1837
MAMÁ, ¿LOS AUTOS SON SERES QUE ATACAN AL HOMBRE PARA DEFENDERSE DE QUÉ?
©QUINO

ANOCHE MIRANDO EL CIELO LLEGUÉ A UNA CONCLUSIÓN: HAY MUCHAS MÁS ESTRELLAS DE LAS QUE SE NECESITAN
1841

¿DE LAS QUE SE NECESITAN PARA QUÉ?
©QUINO

*

MÁS DE UNA VEZ ME HE PREGUNTADO CÓMO SIENDO TAN DISTINTAS PODEMOS SER AMIGAS
1847

BUENO, HAY QUE RECONOCER QUE A VECES LA PASAMOS BIEN, SERÁ POR ESO QUE SOMOS AMIGAS

SÍ, CLARO, PERO ¿Y CUANDO VOS TE PONÉS ESTÚPIDA?
¿Y VOS TARADA?
¿Y VOS ZANAHORIA?
¿Y VOS PAPAFRITA?
¿CÓMO PODEMOS SER AMIGAS CUANDO NO NOS AGUANTAMOS?

¡QUÉ SÉ YO!... PERO ANTES DE NO AGUANTAR A UN EXTRAÑO... ¡QUÉ QUERÉS QUE TE DIGA!... PREFIERO TODA LA VIDA NO AGUANTARTE A VOS

©QUINO

1842

¡FAP!
¡FAP!
¡FAP!
©QUINO

SI QUERÉS ECHARLE UN PRIMER VISTAZO, APROVECHÁ AHORA QUE LAS NOTICIAS ESTÁN MEDIO ATONTADAS

1844

¡SUNESCÁN!
¡¡DALÚNA BÚSO!!
¡SLAM!

¿Y ESO?

"ES UN ESCÁNDALO, UN ABUSO" EN DIALECTO DE MADRE VOLVIENDO DEL MERCADO
©QUINO

¡PST! ¿QUÉ HACÉS, GUILLE? ¡VAS A DESPERTAR A MAMÁ!

¿CELOSO PORQUE VOS NO LA CONOCÉS DESDE QUE NACISTE Y YO SÍ?

¡AAAH! ¡AHORA, LO DICEN! ¿POR QUÉ NO LO DIJERON CUANDO ESTABAN EN EL GOBIERNO?

¡ELLOS, JÍH-JÍH, ELLOS SANEAR LA ECONOM. JÍH-JÍH-JÍH!

¡PERO HAY QUE SER CARADUR...! ¡PERO POR FAV...
?

¡TENÍAS RAZÓN, ES GENIAL!
¡Y NO HAY QUE AGUANTAR LA PUBLICIDAD!
¡NI GASTAR CORRIENTE!
¿NO LES DIJE QUE ES MEJOR QUE LA TV?

NO TE PREOCUPES, QUE EN ESTE MISMO MOMENTO HAY MILES DE TIPOS ESTUDIANDO TODOS TUS PROBLEMAS: SUPERPOBLACIÓN, HAMBRE, CONTAMINACIÓN, RACISMO, ARMAMENTISMO, VIOLENCIA....
¡TODOS!

SÍ, YA SÉ; HAY MÁS PROBLEMÓLOGOS QUE SOLUCIONÓLOGOS, PERO ¿QUÉ VAMOS A HACERLE?

BUEN DÍA, MANOLITO. QUISIERA UN PAN DE MANTEC... ? ¡EH, MANOLITO, BUEN DÍA, DIJE!
1869

¡EH, MANOLITO!

¡MANOLITO!
¿EH? ¡AH, HOLA!
¿QUÉ CUERNOS TE PASA?

NADA, ES QUE CADA VEZ QUE ME PONGO A MIRAR LA LISTA DE PRECIOS... NO SÉ..

ME QUEDO RECORDANDO, ¡PENSAR QUE YO A ESTOS PRECIOS LOS CONOCÍ DE PEQUEÑOS, Y AHORA VERLOS YA TAN CRECIDOS!.. ¿QUÉ QUERÉS?! ¡ME EMOCIONA!
© QUINO

1872

¿Y ESE BICHO CON ESOS OJAZOS, GUILLE?
ES EL GATOLUPA

¿EL GATOLUPA? ¿Y QUIÉN ES EL GATOLUPA?
UN GATO QUE VE TODO MUY-MUY-MUY GRANDE

¡A LAS RATITAS LAS VE COMO VACAS!
¡¿COMO VACAS?! ¡POBRE GATOLUPA!

NO CREAS, ABRIÓ UNA LECHERÍA PARA VENDERLES LECHE DE RATITA A LAS HORMIGAS, Y NO LE VA NADA MAL
© QUINO

¡¡MANOLITO, SI ESTO QUE ME VENDISTE ES CAFÉ, YO SOY BRIGITTE BARDOT!!
1873

¿USTED? ¿USTED BRIGITTE BARDOT?

¡BRIJÍH-JÍH-JÍH! ¡BARJÓH-JÓH-JOH!
?
© QUINO

1877

¿QUIÉN FUE EL GRACIOSO QUE LE SACÓ EL FILTRO A MIS CIGARRILLOS?
©QUINO

1884

?

¡MMMMMH!...SU INCONFUNDIBLE, AÑEJO SABOR, LO DELATA....

¡ES *LA TIERRA*, EL PLANETA DE LOS ELEGIDOS!
¡¡ÚNICO CON SABOR A CONFLICTO!!

©QUINO

1885
¿Y SI LE DECIMOS A PAPÁ DE CAMBIAR EL AUTO JUSTO EN ESTE MOMENTO?

¡VAMOS!..
©QUINO

*

1891

PARECE EL TAXI EN EL QUE VIAJAN LAS SOLUCIONES
©QUINO

1899
¡POBRE, AHÍ PRESO!
¿POR QUÉ? ¿QUÉ HA HECHO?
¡Y BUÉH!...TIENE QUE PAGAR SU DELITO, GUILLE

HA COMETIDO NACIMIENTO EN ÉPOCA ACTUAL CON INTENTO PREMEDITADO DE PERPETRAR NIÑEZ EN DOMICILIO DE RADIO URBANO
©QUINO

1900
¡A LOS COW-BOYS, SIEMPRE A LOS COW-BOYS!... ¿POR QUÉ NO JUGAMOS A LOS PIRATAS?

¡YA ESTÁ! ¡ÉRAMOS LOS MIEMBROS DEL DIRECTORIO Y DECIDÍAMOS AUMENTAR UN 55% LA TASA DE INTERÉS A COBRAR SOBRE PRÉSTAMOS HIPOTECAR

¿A **QUÉ** PIRATAS?
©QUINO

¿NO TENEMOS OTRO DICCIONARIO, PAPÁ?¡ÉSTE ES UNA PORQUERÍA!
1901

DICE QUE *MUNDO* VIENE DEL LATÍN *MUNDUS*
¿Y?

QUE LO QUE INTERESA SABER NO ES DE DÓNDE VIENE SINO ADÓNDE VA!
©QUINO

MAMÁ, ¿PUEDO COMER UNOS CARAMELOS?
1902

NO, PORQUE DESPUÉS NO ALMORZÁS

¿Y CUÁNTO FALTA PARA ALMORZAR?

MEDIA HORA, MÁS O MENOS

DOMÁ, VIVÍ VOS DAMBIÉN EL PRESENDE
©QUINO

LO IMPORTANTE ES QUE NOS QUEREMOS, MAMITA; VOS NO TE FIJES EN LO ANECDÓTICO
1912
©QUINO

1914
¡CUIDADO!
HOMBRES
TRABAJANDO

©QUINO
¡CUIDADO!
HOMBRES
TRABAJANDO

1915
HOLA
HOLA

MGUGUI
MAMMMÁ

¡JAMÁS!

©QUINO
?

1917
...Y CAMBIE!¡CAMBIE POR LA ULTRAMODERNÍSIMA LÍNEA DE COCINAS, LAVARROPAS, HELADERAS, CALEFONES, SECARROPAS, ACONDICIONADORES DE AIRE, TELEVISORES, LICUADORAS, ELECTRO-EXPRIMIDORAS, ENCERADORAS, ASPIRADORAS, RADIOCASETTES....

...GRABAD....
¡CLÍCK!

BUENO, ¿Y CUANDO LA SOCIEDAD DE CONSUMO LLEGUE A LA SACIEDAD DE CONSUMO, QUÉ?
©QUINO

1918

VITA MINAS

?
©QUINO

1908
¡TARADA! ¡TENÉS PESADILLAS Y ENCIMA TE REÍS?
©QUINO

DICE EL DIRECTOR QUE BUENO, QUE A PARTIR DE HOY PODEMOS DARLES UN DESCANSO A LOS LECTORES, PERO QUE SI ALGUNO DE NOSOTROS SE MUDARE, TRASLADARE, Y/O APARECIERE EN OTRA REVISTA Y/O DIARIO, ÉL A PATADAS NOS AGARRARE
¡JOROBARE!
¡PERO NO! ¿A QUIÉN SE LE OCURRIERE?
YO DIJERE QUE POR AHORA ESA IDEA NO EXISTIERE
¿Y SI ALGUIEN NOS SOBORNARE?
¿POR QUIÉN NOS TOMARES?
QUINO

Joaquín Lavado, **Quino**, nació el 17 de julio de 1932 en Mendoza, Argentina, en el seno de una familia de emigrantes andaluces. Descubrió su vocación como dibujante a los tres años. En 1954 publica su primera página de chistes en el semanario bonaerense *Esto es*. En 1964, su personaje Mafalda comienza a aparecer con regularidad en el semanario *Primera Plana*. El éxito de sus historietas le brinda la oportunidad de publicar en el diario nacional *El Mundo* y será el detonante del boom editorial que se extenderá por todos los países de lengua castellana. Tras la desaparición de *El Mundo* y un año de ausencia, Mafalda regresa a la prensa gracias al semanario *Siete Días* en 1968, y en 1970 llega a España de la mano de Esther Tusquets y de la editorial Lumen. En 1973 Mafalda y sus amigos se despiden para siempre de sus lectores. Se han instalado esculturas del personaje en Buenos Aires, Oviedo y Mendoza. Lumen ha publicado los once tomos recopilatorios de viñetas de Mafalda, numerados de 0 a 10, y también en un único volumen —*Mafalda. Todas las tiras* (2011)—, así como las viñetas que permanecían inéditas y que integran junto al resto el libro *Todo Mafalda*, publicado con ocasión del 50 aniversario del personaje, y las recopilaciones *Mafalda. Femenino singular* (2018), *Mafalda. En esta familia no hay jefes* (2019), *El amor según Mafalda* (2020), *La filosofía de Mafalda* (2021), *Mafalda presidenta* (2022), *Mafalda para niñas y niños* (2023), *La vida según Mafalda* (2024), *Lo mejor de Mafalda* (2025) y *Lo mejor de Felipe* (2026). También han aparecido en Lumen los libros de viñetas humorísticas del dibujante, entre los que destacan *Mundo Quino* (2008), *Quinoterapia* (2008), *Simplemente Quino* (2016), el volumen recopilatorio *Esto no es todo* (2008) y *Quino inédito* (2023).

Quino ha logrado tener una gran repercusión en todo el mundo, sus libros han sido traducidos a más de veinte lenguas y dialectos (los más recientes son el armenio, el búlgaro, el hebreo, el polaco y el guaraní), y ha sido galardonado con premios tan prestigiosos como el Príncipe de Asturias de Comunicación y Humanidades y el B'nai B'rith de Derechos Humanos. Quino murió en Mendoza el 30 de septiembre de 2020.

Papel certificado por el Forest Stewardship Council®

H431394